Zur Sinneslehre

Rudolf Steiner
Themen aus dem Gesamtwerk 3

Das Werk Rudolf Steiners gründet sich methodisch und erkenntniswissenschaftlich auf die Darstellungen der grundlegenden Schriften: *Die Philosophie der Freiheit.* Grundzüge einer modernen Weltanschauung; *Theosophie.* Einführung in die übersinnliche Welterkenntnis und Menschenbestimmung; *Wie erlangt man Erkenntnisse der höheren Welten?* und *Die Geheimwissenschaft im Umriß.* Diese bilden zusammen mit den übrigen Schriften und den Aufsatzbänden das geschriebene Werk von überschaubarem Umfang, rund 40 Bände.

Daneben ist die Fülle der nachgeschriebenen Vorträge außerordentlich, in der Gesamtausgabe mehr als 250 Bände. Diese Vorträge waren alle frei gehalten und nicht zum Druck bestimmt. Ihre Herausgabe erfolgt nach von Rudolf Steiner nicht durchgesehenen Nachschriften. Sie enthalten jedoch den Ausbau und die Entfaltung der in den Schriften entwickelten Grundkonzeptionen nach den verschiedensten Richtungen und Lebensbereichen. Sie stellen in ihrer thematischen Mannigfaltigkeit auch heute noch eine nicht bewältigte Aufgabe dar.

So ist das Motiv dieser Taschenbuchreihe: unter den in unserer Zeit aktuellen Gesichtspunkten den Zugang zu verschiedenen im Vortragswerk verstreuten und nicht zusammenhängend ausgearbeiteten Themenkomplexen zu eröffnen und damit zugleich den Ansatz der anthroposophischen Erkenntnismethode an bestimmten Problemkreisen zu verdeutlichen; die jeweilige Zusammenstellung von Vorträgen beansprucht dabei inhaltlich keine Vollständigkeit.

Rudolf Steiner

Zur Sinneslehre

Acht Vorträge, ausgewählt und herausgegeben
von Christoph Lindenberg

Verlag Freies Geistesleben

Das vorliegende Werk basiert auf der deutschen Originalausgabe, die im Rudolf Steiner Verlag, Dornach / Schweiz, innerhalb der Rudolf Steiner Gesamtausgabe (GA) erschienen ist. Als Herausgeber zeichnet die Rudolf Steiner Nachlaßverwaltung, zu der das Rudolf Steiner Archiv und der Rudolf Steiner Verlag gehören. Damit die Tätigkeit des Rudolf Steiner Archivs und somit die Herausgabe von Rudolf Steiners Werk gewährleistet bleiben kann, ist das Archiv, das keine staatlichen oder anderen Beiträge erhält, ganz auf Spendengelder angewiesen. Zu diesem Zweck besteht ein Förderverein.

Weitere Informationen:
Rudolf Steiner Archiv, Postfach 348, CH-4143 Dornach
oder:
www.rudolf-steiner.com

ISBN 978-3-7725-2103-4

7. Auflage 2022

Verlag Freies Geistesleben
Landhausstr. 82, 70190 Stuttgart
www.geistesleben.com

Einbandentwurf: Maria A. Kafitz, unter Verwendung
eines Fotos von Wolfgang Schmidt, Ammerbuch

Gesamtherstellung: Aalexx Druck Produktion, Großburgwedel
Printed in Germany

Inhalt

Vorbemerkung

Rudolf Steiner hat seine Sinneslehre zweimal schriftlich aufgezeichnet. Zuerst im Jahre 1910 in einer Schrift, die Fragment blieb und erst 1951 aus dem Nachlaß veröffentlicht wurde, dann 1917 in einer kurzen Skizze, die als 5. Anhang im Buch *Von Seelenrätseln* veröffentlicht wurde. Das Neue an der Steinerschen Sinneslehre ist, daß in ihr zum ersten Male eine vollständige und systematische Schilderung der 12 Sinne des Menschen gegeben wird. Diese Sinneslehre ist von Rudolf Steiner in zwei Etappen entfaltet worden: zuerst 1909 in den Vorträgen über «Anthroposophie», denen dann die Fragment gebliebene Schrift *Anthroposophie* folgte. Nach sieben Jahren stellt Steiner dann 1916 die erweiterte Sinneslehre in einer Reihe von Vorträgen dar, deren knappe Zusammenfassung 1917 im Buche *Von Seelenrätseln* folgt. In den Jahren 1918, 1919, 1920 und 1921 trägt Steiner diese Sinneslehre dann in weiteren Zusammenhängen unter neuen Gesichtspunkten vor.

Diese Darstellungen über Sinneslehre gehören in den größeren Zusammenhang der Erkenntnistheorie und Psychologie Steiners. Die philosophischen Grundlagen finden sich bereits in *Grundlinien einer Erkenntnistheorie der Goetheschen Weltanschauung*» (1886), in *Wahrheit und Wissenschaft* (1892) und in *Die Philosophie der Freiheit* (1893), allgemeine Darstellungen der Sinnestätigkeit folgen in *Theosophie* (1904) und in einer Vielzahl von Vorträgen der Jahre 1904 bis 1924. Die Sinneslehre ist insgesamt in die anthroposophische Menschenkunde und Kosmogonie eingebettet. Sie stellt so einen spezifischen Teil der Anthroposophie dar. Erst im Licht dieser ganzen Anthroposophie kann die volle Bedeutung der Sinneslehre erfaßt werden. Für die Gesamtdarstellung der Anthroposophie muß auf die Rudolf-Steiner-Gesamtausgabe verwiesen werden, die heute bereits rund 300 Bände umfaßt.

Um Studenten der Anthroposophie, die die große Rudolf Steiner Gesamtausgabe nicht zur Hand haben, Arbeitsmaterial an die Hand zu geben und um zugleich einen thematisch orientierten Weg in die Gesamtausgabe zu bahnen, sei es gewagt, einzelne Vorträge aus den Vortragsreihen vorzulegen und so die einzelnen Darstellungen aus dem sie tragenden Zusammenhang herauszulösen. Ein gründliches Studium muß freilich den Weg zu diesem Zusammenhang wieder finden, wenn es nach den leitenden Gesichtspunkten der Darstellungen, nach Erläuterungen und Ergänzungen fragt.

Das Nachwort zu diesem Bande versucht, mit kurzen Worten die philosophischen Grundlagen der Sinneslehre einzuholen, Anregungen zur Selbstbeobachtung zu geben und auf einige neuere Forschungen hinzuweisen, so daß jeder Leser sich anhand jener Hinweise und ferner anhand der Literaturübersicht selber einen eigenen Weg in das Problemfeld der Sinneslehre bahnen kann.

Christoph Lindenberg

Die zwölf Sinne des Menschen

Dornach, 22. Juli 1921

Wir fahren fort in der Betrachtung des Verhältnisses des Menschen zur Welt, und um die Betrachtungen der nächsten Tage an dasjenige anschließen zu können, was ich vorgebracht habe in der letzten Zeit, möchte ich heute zunächst an ein Kapitel unserer anthroposophischen Anschauung anknüpfen, das ich vor längerer Zeit behandelt habe, nämlich an die im anthroposophischen Sinne gehaltene Sinneslehre. Ich sagte vor längerer Zeit und immer wieder, daß ja die äußere Wissenschaft von unseren Sinnen nur diejenigen betrachtet, für die im gröberen Sinne Organe vorhanden sind, wie der Sehsinn, der Gehörsinn und so weiter. Diese Betrachtungsweise kann in einem tieferen Sinne deshalb nicht befriedigen, weil das Gebiet, das zum Beispiel das Sehen von unserer Erfahrung, von unserer Gesamterfahrung umfaßt, ein ebenso abgegrenztes ist innerhalb der Gesamtsumme unserer Erlebnisse wie, sagen wir, die Wahrnehmung des fremden Ich oder die Wahrnehmung der Bedeutung von Worten. Es ist ja heute, wo in einem gewissen Sinne alle Dinge auf den Kopf gestellt werden, durchaus auch üblich geworden zu sagen: Wenn wir dem fremden Ich gegenüberstehen, dann sehen wir zunächst die menschliche Gestalt. Wir wissen, daß wir diese menschliche Gestalt selber haben, daß bei uns diese menschliche Gestalt ein Ich beherbergt, und so schließen wir, daß auch in der uns ähnlich schauenden fremden menschlichen Gestalt ein Ich enthalten sei. – Es ist nicht das geringste wirkliche Bewußtsein von dem vorhanden, was in der ganzen Unmittelbarkeit der Wahrnehmung des andern Ich liegt, wenn man einen solchen Schluß zugrunde legt. Er ist völlig sinnlos. Denn genau in derselben Weise, wie wir unmittelbar der Außenwelt gegenüberstehen und ein gewisses Gebiet von ihr umfassen durch unseren Sehsinn, ebenso dringt in unser Erlebnisgebiet in unmittelbarer Weise hinein das fremde Ich. Wir müssen, wenn wir uns einen Sehsinn zuschreiben, uns so auch einen Ichsinn zuschreiben.

Es ist dabei vor allen Dingen das festzuhalten, daß dieser Ichsinn durchaus etwas anderes ist als die Entwicklung des Bewußtseins des eigenen Ich. Es ist ein völlig anderer Vorgang, dieses Bewußtwerden des eigenen Ich, was ja eigentlich kein Wahrnehmen ist, und der Vorgang, der sich abspielt, wenn wir ein fremdes Ich als solches wahrnehmen. Ebenso liegt ein ganz anderes zugrunde, wenn wir Worten zuhören und in den Worten eine Bedeutung vernehmen, als dann, wenn wir den bloßen Ton, den bloßen Klang vernehmen. Wenn es auch zunächst schwieriger ist, für den Wortesinn ein menschliches Organ nachzuweisen als für den Tonsinn das Gehörorgan, so muß doch derjenige, der nun wirklich unser gesamtes Erfahrungsfeld analysieren kann, gewahr werden, daß wir innerhalb dieses Erfahrungsfeldes begrenzen müssen auf der einen Seite den Ton- und Lautsinn, den Klangsinn, und auf der andern Seite den Wortesinn. Und wiederum ein anderes ist es, innerhalb der Worte, innerhalb der Wortgestaltungen und innerhalb der Wortzusammenhänge, namentlich den Gedanken des andern wahrzunehmen. Und wiederum müssen wir unterscheiden zwischen dem Wahrnehmen des Gedankens des anderen und dem eigentlichen Denken. Nur eben die grobe Art, wie heute Seelenerscheinungen betrachtet werden, die kommt nicht dazu, in dieser feineren Weise zu analysieren zwischen dem Denken, das wir als eine innere Tätigkeit unseres Seelenlebens entfalten, und der nach außen gerichteten Tätigkeit, die im Gedankenwahrnehmen des andern liegt. Gewiß, wir müssen, wenn der

Gedanke des andern wahrgenommen wird, um diesen Gedanken zu verstehen, um diesen Gedanken mit andern Gedanken, die wir auch schon gehegt haben, in Beziehung zu bringen, dann denken. Aber dieses Denken ist etwas völlig anderes als das Wahrnehmen des Gedankens des andern.

Dann aber, wenn wir alles das, was nun im Umkreise unserer Gesamterfahrung vorhanden ist, gliedern, analysieren in die Gebiete, die wirklich spezifisch voneinander verschieden sind und die doch wiederum eine gewisse innerliche Verwandtschaft so haben, daß wir sie als Sinne bezeichnen können, dann kommen wir zu den zwölf Sinnen des Menschen, die ich öfter angegeben habe. Heute ist ja eines der schwächsten Kapitel unserer gegenwärtigen Wissenschaft dasjenige, das vom physiologischen oder vom psychologischen Standpunkte die Sinne behandelt, denn im Grunde genommen wird von den Sinnen im Allgemeinen gesprochen.

Nun ist natürlich innerhalb des Sinnesgebietes der Gehörsinn zum Beispiel, sagen wir, radikal verschieden vom Gesichtssinn oder vom Geschmackssinn. Und wiederum, wenn man zu einem deutlichen Begreifen vom Gehörsinn oder vom Gesichtssinn kommt, dann muß man auch einen Wortesinn, einen Gedankensinn und einen Ichsinn unterscheiden. Die meisten Begriffe, die heute gangbar sind, wenn die Wissenschaft von den Sinnen spricht, sind eigentlich von dem Tastsinn genommen. Und unsere Philosophie hat es sich schon einmal angewöhnt, darauf eine ganze Erkenntnistheorie zu gründen, die eigentlich in nichts anderem besteht als in der Übertragung einiger Wahrnehmungen, die auf den Tastsinn bezüglich sind, auf das ganze Gebiet der Wahrnehmungsfähigkeit.

Wenn wir nun in Wirklichkeit analysieren das Gesamtgebiet, den Umkreis unserer äußeren Erlebnisse, die wir in ähnlicher Weise wahrnehmen, sagen wir, wie die Seherlebnisse oder wie die Tasterlebnisse oder wie die Wärmeerlebnisse, dann kommen wir zu zwölf deutlich voneinander unterscheidbaren Sinnen, die ich ja früher öfter in folgender Weise aufgezählt habe: Erstens der Ichsinn, der, wie gesagt, zu unterscheiden ist von dem Bewußtsein des eigenen Ich; mit Ichsinn wird nichts anderes bezeichnet als die Fähigkeit, das Ich des andern wahrzunehmen. Das zweite ist der Gedankensinn, das dritte ist der Wortesinn, das vierte ist der Gehörsinn, das fünfte ist der Wärmesinn, das sechste der Sehsinn, das siebente der Geschmackssinn, das achte der Geruchssinn, das neunte der Gleichgewichtssinn. Wer auf diesem Gebiete wirklich analysieren kann, der weiß, daß es ein ganz begrenztes Gebiet des Wahrnehmens gibt, ebenso wie das Gebiet des Sehens, ein begrenztes Gebiet, das uns einfach eine Empfindung davon vermittelt, daß wir als Mensch in einem gewissen Gleichgewichte stehen. Ohne daß ein Sinn uns vermitteln würde dieses Stehen im Gleichgewichte oder dieses Schweben und Tanzen im Gleichgewichte, ohne dies würden wir durchaus nicht unser Bewußtsein vollständig aufbauen können.

Dann ist der Bewegungssinn das nächste. Der Bewegungssinn ist die Wahrnehmung dessen, ob wir in Ruhe oder in Bewegung sind. Diese Wahrnehmung müssen wir genau ebenso in uns erleben, wie wir erleben unsere Gesichtswahrnehmung. Elftens der Lebenssinn, zwölftens der Tastsinn (siehe Zeichnung Seite 28).

Ichsinn
Gedankensinn
Wortesinn
Gehörsinn

Wärmesinn
Sehsinn
Geschmackssinn
Geruchssinn

Gleichgewichtssinn
Bewegungssinn
Lebenssinn
Tastsinn

Diese Gebiete, die ich Ihnen hier als Sinnesgebiete aufgeschrieben habe, man kann sie deutlich voneinander unterscheiden, und man kann zugleich in ihnen das Verwandte finden, daß wir uns wahrnehmend durch diese Sinne verhalten. Es ist unser Verkehr mit der Außenwelt, unser erkennender Verkehr mit der Außenwelt, den uns diese Sinne vermitteln; allerdings in einer sehr verschiedenen Weise mit Bezug auf die Außenwelt. Wir haben zunächst vier Sinne, die uns in zweifelloser Weise mit der Außenwelt verbinden, wenn ich das Wort zweifellos in diesem Falle gebrauchen darf; das sind: der Ichsinn, der Gedankensinn, der Wortesinn und der Gehörsinn. Es wird Ihnen ohne weiteres klar sein, daß wir mit unserem ganzen Erleben gewissermaßen in der Außenwelt sind, wenn wir das Ich eines andern wahrnehmen, ebenso wenn wir die Gedanken oder die Worte eines andern wahrnehmen. Nicht so einleuchtend könnte das sein in bezug auf den Gehörsinn; aber das kommt ja nur davon her, weil man in einer Art abstrakter Anschauung über alle Sinne so eine gemeinsame Begriffsnuance ausgegossen hat, die eben ein gemeinsamer Begriff, eine gemeinsame Idee eines Sinneslebens sein soll, und man nicht eigentlich das Spezifische der einzelnen Sinne ins Auge faßt. Natürlich kann man diese Dinge nicht, ich möchte sagen, im äußeren Experimente auf ihre Begriffe bringen, sondern dazu ist schon notwendig, daß man eben die Fähigkeit des Anfühlens der Erlebnisse hat.

Das gewöhnliche Denken befaßt sich ja zum Beispiel gar nicht damit, wie das Hören dadurch, daß der Vermittler des Hörens die bewegte Luft, also ein Physisches ist, im Grunde genommen uns unmittelbar in die Außenwelt hinausbringt. Und wenn Sie einfach ins Auge fassen, wie sehr äußerlich der Gehörsinn eigentlich gegenüber unserem ganzen organischen inneren Erleben ist, so werden Sie bald darauf kommen, daß Sie den Gehörsinn in dieser Weise anders fassen müssen als zum Beispiel den Sehsinn. Beim Sehsinn wird man einfach aus der Betrachtung des Organs, des Auges, bald ersehen können, wie dasjenige, was da vermittelt wird, doch in einem hohen Maße ein innerer Vorgang, wenigstens relativ ein innerer Vorgang ist. Wir schließen das Auge, wenn wir schlafen, wir schließen das Ohr nicht, wenn wir schlafen. In solchen Dingen, die scheinbar triviale, einfache Tatsachen sind, drückt sich aber tief Bedeutsames für das ganze Leben des Menschen aus. Und wenn wir beim Schlafen genötigt sind, unser Inneres abzuschließen, weil wir nicht wahrnehmen sollen durch das Sehen, so sind wir eben nicht genötigt, unser Ohr abzuschließen, weil das in einer ganz andern Weise in der Außenwelt drinnen lebt als das Auge. Das Auge ist viel mehr Bestandteil unseres Inneren. Die Sehwahrnehmung ist viel mehr nach innen gerichtet als die Gehörwahrnehmung. Nicht die Empfindung des Gehörten, das ist ja etwas anderes. Die Empfindung des Gehörten, die dem Musikalischen zugrunde liegt, das ist etwas anderes als der eigentliche Gehörvorgang.

Diese Sinne nun, die im wesentlichen, ich möchte sagen, das Äußere und das Innere vermitteln, das sind ausgesprochen äußere Sinne (siehe Zeichnung Seite 28). Diejenigen Sinne, die sozusagen auf der Kippe stehen zwischen Äußerem und Innerem, die ebenso äußeres wie inneres Erleben sind, das sind die vier nächsten Sinne: der Wärmesinn, der Sehsinn, der Geschmackssinn, der Geruchssinn. Versuchen Sie nur einmal die ganze Summe der Erlebnisse, die durch einen dieser Sinne gegeben ist, sich vor Augen zu führen, und Sie werden sehen, wie da auf der einen Seite bei allen diesen Sinnen ein Miterleben mit der Außenwelt vorhanden ist, aber zu gleicher Zeit ein Erleben im eigenen Inneren. Wenn Sie Essig trinken, also Ihr Geschmackssinn in Betracht kommt, haben Sie ganz gewiß auf der einen Seite ein inneres Erlebnis mit dem Essig und auf der andern Seite ein Erlebnis, das nach außen gerichtet ist, das man vergleichen kann mit dem Erleben eines äußeren Ich zum Beispiel oder der Worte. Aber es würde sehr schlimm sein, wenn man in demselben Sinne ein subjektives, ein inneres Erlebnis, sagen wir, dem Anhören der Worte beimischen würde. Denken Sie sich einmal, wenn Sie Essig trinken, Sie verziehen das Gesicht; das deutet Ihnen ganz klar an, daß Sie da ein inneres Erlebnis mit dem äußeren Erlebnis haben, daß äußeres Erlebnis und inneres Erlebnis ineinanderschwimmen. Würde dasselbe bei den Worten der Fall sein, wenn Ihnen zum Beispiel einer eine Rede hielte und Sie in derselben Weise innerlich miterleben müßten wie beim Essigtrinken oder beim Moselweintrinken oder dergleichen, dann würden Sie ja niemals in einer objektiven Weise sich über die Worte klar sein, die der andere Ihnen sagt. In demselben Maße, wie Sie beim Essig ein unangenehmes und beim Moselwein ein angenehmes inneres Erlebnis haben, in demselben Maße tingieren Sie ein äußeres Erlebnis. Dieses äußere Erlebnis dürfen Sie nicht tingieren, wenn Sie wahrnehmen, sagen wir, die Worte des andern. Man kann sagen: Hier sieht man das Hereinragen des Moralischen in dem Augenblick, wo man die Dinge im rechten Licht sieht. – Denn es gibt allerdings Menschen, die namentlich in bezug auf den Ichsinn, aber auch in bezug auf den Gedankensinn sich so verhalten, daß man sagen kann: Die Menschen stecken so stark in ihren mittleren Sinnen, im Wärmesinn, Sehsinn, Geschmackssinn und Geruchssinn drinnen, daß sie auch die andern Menschen oder deren Gedanken so beurteilen. Dann hören sie aber gar nicht die Gedanken oder die Worte des andern, sondern sie nehmen sie so wahr, wie zum Beispiel eben, sagen wir, Moselwein oder Essig oder irgendein anderes Getränk oder eine Speise wahrgenommen wird.

Hier sehen wir, wie etwas Moralisches einfach aus einer sonst ganz amoralischen Betrachtungsweise sich ergibt. Nehmen Sie zum Beispiel einen Menschen, bei dem der Gehörsinn, namentlich aber der Wortesinn, der Gedankensinn und der Ichsinn schlecht ausgebildet sind. Ein solcher Mensch lebt gewissermaßen, sagen wir, ohne Kopf, das heißt, er gebraucht seine Kopfsinne auch in einer ähnlichen Weise, wie die mehr schon dem Animalischen zugeneigten Sinne. Das Tier kann nicht in dieser Weise objektiv wahrnehmen, wie es objektiv-subjektiv wahrnehmen kann durch Wärmesinn, Sehsinn, Geschmackssinn, Geruchssinn. Das Tier riecht: Sie können sich vorstellen, daß das Tier in sehr geringem Maße objektiv dasjenige sich vergegenständlichen kann, was ihm entgegentritt, sagen wir zum Beispiel beim Geruchssinn. Es ist in hohem Grade ein subjektives Erlebnis. Nun, natürlich haben ja alle Menschen auch Gehörsinn, Wortesinn, Gedankensinn, Ichsinn; aber diejenigen, die mehr sich hineinlegen mit ihrer ganzen Organisation in den Wärmesinn und Sehsinn, namentlich aber in den Geschmacks- oder gar Geruchssinn, die verändern alles nach ihrem subjektiven Geschmack oder nach ihrem subjektiven Riechen der Umgebung. Nicht wahr, solche Dinge kann man ja täglich im Leben wahrnehmen. Wenn Sie ein Beispiel haben wollen, so können Sie ja nur beachten, wie es Menschen gibt, die gar nichts objektiv wahrnehmen können, sondern alles so wahrnehmen, wie man sonst nur durch Geschmacks- und Geruchssinn wahrnimmt. Das können Sie in der neuesten Broschüre des Pfarrers Kully wahrnehmen. Der ist gar nicht imstande, Worte oder Gedanken des andern aufzufassen, er faßt alles so auf, wie man Wein trinkt oder Essig trinkt oder irgendeine Speise ißt. Da wird alles subjektives Erlebnis. In demselben Sinne wird es unmoralisch, indem man die höheren Sinne hinunterrückt zum Charakter der niederen Sinne. Es gibt eben durchaus die Möglichkeit, die Moral in Zusammenhang zu bringen mit der ganzen Weltanschauung, während in der Gegenwart das Zerstörerische, das unsere ganze Zivilisation Untergrabende darin liegt, daß man keine Brücke zu schlagen weiß zwischen dem, was man Naturgesetzlichkeit nennt und was man moralisch nennt.

Wenn wir nun zu den nächsten vier Sinnen kommen, zu dem Gleichgewichtssinn, Bewegungssinn, Lebenssinn und Tastsinn, so kommen wir zu ausgesprochen inneren Sinnen. Wir haben es da zunächst mit ausgesprochen inneren Sinnen zu tun. Denn das, was uns der Gleichgewichtssinn übermittelt, ist unser eigenes Gleichgewicht, was uns der Bewegungssinn übermittelt, ist der Zustand der Bewegung, in dem wir sind. Unser Lebenszustand ist dieses allgemeine Wahrnehmen, wie unsere Organe funktionieren, ob sie unserem Leben förderlich sind oder abträglich sind und so weiter. Beim Tastsinn könnte es täuschen; dennoch aber, wenn Sie irgend etwas betasten, so ist das, was Sie da als Erlebnis haben, ein inneres Erlebnis. Sie fühlen gewissermaßen nicht die Kreide, sondern Sie fühlen die zurückgedrängte Haut, wenn ich mich grob ausdrücken darf; der Vorgang ist natürlich viel feiner zu charakterisieren. Es ist die Reaktion Ihres eigenen Inneren auf einen äußeren Vorgang, der da im Erlebnis vorliegt, der in keinem andern Sinneserlebnis in derselben Weise vorliegt wie im Tasterlebnis.

Nun aber wird allerdings diese letztere Gruppe der Sinne durch etwas anderes modifiziert. Da müssen Sie sich erinnern an etwas, das ich vor einigen Wochen hier gesagt habe. Nehmen Sie den Menschen in bezug auf das, was durch diese letzten vier Sinne wahrgenommen wird; es sind, trotzdem wir die Dinge wahrnehmen – unsere eigene Bewegung, unser eigenes Gleichgewicht –, es sind, trotzdem wir das, was wir wahrnehmen, auf entschieden subjektive Weise nach innen hin wahrnehmen, dennoch aber Vorgänge, die ganz objektiv sind. Das ist das Interessante an der Sache. Wir nehmen diese Dinge nach innen hin wahr, aber was wir da wahrnehmen, sind ganz objektive Dinge, denn es ist im Grunde genommen physikalisch gleichgültig, ob, sagen wir, ein Holzklotz sich bewegt oder ein Mensch, ob ein Holzklotz im Gleichgewicht ist oder ein Mensch. Für die äußere physische Welt in ihrer Bewegung ist der sich bewegende Mensch ganz genau ebenso zu betrachten wie ein Holzklotz; ebenso mit Bezug auf das Gleichgewicht. Und wenn Sie den Lebenssinn nehmen, so ist es zunächst allerdings nicht in bezug auf die äußere Welt – scheinbar allerdings nur –, aber es ist so, daß das, was unser Lebenssinn übermittelt, ganz objektive Vorgänge sind. Stellen Sie sich vor einen Vorgang in einer Retorte: er verläuft nach gewissen Gesetzen, kann objektiv beschrieben werden. Das, was der Lebenssinn wahrnimmt, ist ein solcher Vorgang, der nach innen gelegen ist. Ist er in Ordnung, dieser Vorgang, ganz als objektiver Vorgang, so übermittelt Ihnen dieses der Lebenssinn, oder ist er nicht in Ordnung, so überliefert Ihnen der Lebenssinn auch das. Wenn auch der Vorgang in Ihrer Haut eingeschlossen ist, der Lebenssinn übermittelt es. Ein objektiver Vorgang ist schließlich gar nichts, was zunächst mit dem Inhalt Ihres Seelenlebens einen besonderen Zusammenhang hat. Und ebenso beim Tastsinn; es ist immer eine Veränderung in der ganzen organischen Struktur, wenn wir wirklich tasten. Unsere Reaktion ist eine organische Veränderung in unserem Inneren. Wir haben also durchaus in dem, was wir mit diesen vier Sinnen gegeben haben, eigentlich ein Objektives gegeben, ein solches, was uns als Menschen so in die Welt hineinstellt, wie wir im Grunde genommen als objektive Wesen sind, die auch in der Sinneswelt äußerlich gesehen werden können.

So daß wir sagen können, es sind ausgesprochen innere Sinne, aber dasjenige, was wir durch sie wahrnehmen, ist an uns genauso wie das, was wir äußerlich in der Welt wahrnehmen. Ob wir schließlich einen Holzklotz in Bewegung setzen oder ob der Mensch in äußerer Bewegung ist, darauf kommt es nicht an für den physikalischen Fortgang der Ereignisse. Der Bewegungssinn ist nur da, damit das, was in der Außenwelt geschieht, auch zu unserem subjektiven Bewußtsein kommt, wahrgenommen wird.

Sie sehen also, richtig subjektiv sind gerade die ausgesprochen äußeren Sinne. Die müssen dasjenige, was durch sie wahrgenommen wird, im ausgesprochenen Sinne in unsere Menschlichkeit hereinbefördern. Ich möchte sagen, ein Hin- und Herpendeln zwischen Außen- und Innenwelt stellt die mittlere Gruppe der Sinne dar, und ein ausgesprochenes Miterleben von etwas, was wir sind, indem wir der Welt angehören, nicht uns, ist uns durch die letzte Gruppe der Sinne übermittelt.

Diese Betrachtung könnte man sehr ausdehnen. Man würde vieles finden, was charakteristisch ist für den einen oder für den andern Sinn. Man muß sich eben nur bekanntmachen mit dem Gedanken, daß die Sinneslehre nicht so behandelt werden darf, daß man nur die Sinne beschreibt nach den gröberen Sinnesorganen, sondern nach der Analyse des Erlebnisfeldes. Es ist nämlich gar nicht richtig, daß zum Beispiel für den Wortesinn ein abgetrenntes Organ nicht vorhanden ist; es ist nur von der gewöhnlichen materialistischen Physiologie heute nicht in demselben Sinne in seiner Abgrenzung erforscht wie, sagen wir, das Gehörorgan. Oder der Gedankensinn, er ist auch da, aber er ist nicht in demselben Stil erforscht wie, sagen wir, der Sehsinn oder dergleichen.

Wenn wir so den Menschen übersehen, dann wird es uns stark auffallen müssen, wie eigentlich dasjenige Leben, das wir im gewöhnlichen Wortsinn Seelenleben nennen, gebunden ist an, sagen wir also, die höheren Sinne. Wir können fast nicht weiter gehen als vom Ichsinn bis zum Sehsinn, wenn wir den Inhalt dessen, was im gewöhnlichen Wortsinn Seelenleben genannt ist, umfassen wollen. Vergegenwärtigen Sie sich alles das, was Sie durch Ichsinn, Gedankensinn, Wortesinn, Lautsinn, Wärmesinn, Sehsinn haben, dann werden Sie ungefähr den Umfang dessen haben, was Sie seelisches Leben nennen. Es ragt eben aus diesen ausgesprochen äußeren Sinnen, von den Eigenschaften dieser ausgesprochen äußeren Sinne noch etwas hinein in den Wärmesinn, von dem wir im Seelenleben viel mehr abhängig sind, als wir gewöhnlich denken. Der Sehsinn hat ja eine ungeheuer weite Bedeutung für das gesamte Seelenleben. Aber wir dringen schon in das Animalische hinunter mit dem Geschmackssinn, mit dem Geruchssinn und dringen völlig in unsere Körperlichkeit hinunter mit dem Gleichgewichtssinn, Bewegungssinn, Lebenssinn und so weiter. Die nehmen gewissermaßen schon ganz nach innen hin wahr, als dasjenige, was nicht mehr unserem Seelenleben angehört.

Wollten wir schematisch unser menschliches Wesen zeichnen, so müßten wir so zeichnen: Wir müßten sagen, wir umfassen das obere Gebiet, und darinnen, in diesem oberen Gebiete, da ruht unser eigentliches Innenleben (gelb). Dieses Innenleben kann ja gar nicht da sein, wenn wir nicht gerade diese äußeren Sinne haben. Was wären wir als ein Mensch, der keine andern

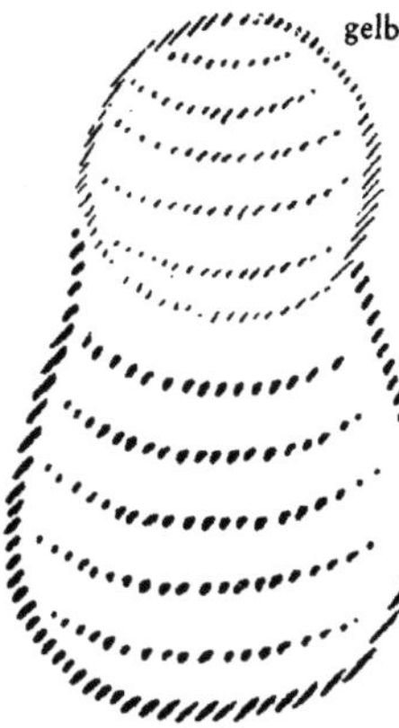

Iche neben sich hätte? Was wären wir als ein Mensch, der niemals Worte, Gedanken und so weiter vernommen hätte? Malen Sie sich das nur aus. Dagegen dasjenige, was dann vom Geschmackssinn nach abwärts liegt, das nimmt nach innen hin wahr, das vermittelt zunächst Vorgänge nach innen (rot). Aber die werden ja immer unklarer und unklarer. Gewiß, der Mensch muß ein ganz deutliches Wahrnehmen haben seines eigenen Gleichgewichtes, sonst würde er ohnmächtig und umfallen. Ohnmächtig umfallen bedeutet für den Gleichgewichtssinn nichts anderes, als blind werden für die Augen. Nun aber, es wird undeutlich, was diese Sinne vermitteln. Der Geschmackssinn, der entwickelt sich, ich möchte sagen, noch gewissermaßen an der Oberfläche, da ist ein deutliches Bewußtsein von diesem Geschmackssinn vorhanden. Aber obwohl unser ganzer Körper, wenigstens mit Ausnahme des Gliedmaßenorganismus – aber auch eigentlich der –, obwohl unser ganzer Körper schmeckt, sind ja die wenigsten Menschen in der Lage, die verschiedenen Speisen noch im Magen zu schmecken, weil nach dieser Richtung heute doch, ja, wie soll ich jetzt sagen, Zivilisation oder Kultur, oder soll ich auch sagen, Feinschmeckerei, nicht so weit ausgebildet ist. Die wenigsten Menschen können noch im Magen die verschiedenen Speisen schmecken. Sie schmecken sie gerade noch in den übrigen Organen. Aber wenn sie einmal im Magen sind, dann ist es den meisten Menschen ganz einerlei, wie sie sind, trotzdem unterbewußt der Geschmackssinn sich durch den ganzen Verdauungstrakt in sehr deutlicher Weise fortsetzt. Der ganze Mensch schmeckt im Grunde genommen dasjenige, was er zu sich nimmt, aber es stumpft sehr bald ab, wenn sich das Gegessene dem Körper mitteilt. Der ganze Mensch entwickelt durch seinen Organismus hindurch den Geruchssinn, das passive Verhalten zu den riechenden Körpern. Dieses konzentriert sich wiederum nur, ich möchte sagen, auf das Alleroberflächlichste, während eigentlich der ganze Mensch ergriffen wird von einer riechenden Blume oder von irgendeinem andern riechenden Stoff und so weiter. Gerade wenn man dieses weiß, wie der Geschmackssinn und der Geruchssinn den ganzen Menschen durchdringen, dann weiß man auch, was in diesem Erlebnis des Riechens, des Schmeckens enthalten ist, wie sich das fortsetzt nach dem Inneren des Menschen, und man kommt ganz ab von jeder Art materialistischer Auffassung, wenn man weiß, was Schmecken zum Beispiel heißt. Und ist man sich klar darüber, daß dieser Schmeckensvorgang durch den ganzen Organismus geht, dann ist man nicht mehr imstande, so bloß chemiehaft den weiteren Verdauungsvorgang zu schildern, wie er von der heutigen materialistischen Wissenschaft geschildert wird.

Aber auf der andern Seite läßt sich ja nicht leugnen, daß ein gewaltiger Unterschied ist zwischen dem, was ich hier gelb bezeichnet habe, und dem, was ich hier schematisch rot bezeichnet habe: ein gewaltiger Unterschied zwischen dem Inhalt, den wir haben in unserem Seelenleben durch den Ichsinn,

Wortesinn und so weiter, und den Erlebnissen, die wir durch Geschmacks-, Geruchs-, Bewegungs-, Lebenssinn und so weiter haben. Es ist ein gewaltiger, ein radikaler Unterschied. Und zwar werden Sie diesen Unterschied am besten einsehen, wenn Sie sich klarmachen, wie Sie aufnehmen, was Sie in sich selbst erleben, wenn Sie, sagen wir, die Worte eines andern Menschen anhören oder wenn Sie einem Klang zuhören; was Sie da in sich selbst erleben, hat doch zunächst gar keine Bedeutung, also für sich, für den äußeren Vorgang gar keine Bedeutung. Was schert sich die Glocke darum, daß Sie sie hören! Da ist nur eben eine Verbindung zwischen Ihrem inneren Erlebnis und dem Vorgang, der sich in der Glocke abspielt, insofern Sie zuhören.

Dasselbe können Sie nicht sagen, wenn Sie den objektiven Vorgang beim Schmecken ins Auge fassen oder beim Riechen oder gar, sagen wir, beim Tasten. Da liegt durchaus ein Weltenvorgang vor. Was da in Ihrem Organismus vorgeht, das können Sie nicht trennen von demjenigen, was sich in Ihrer Seele abspielt. Sie können nicht sagen in diesem Falle wie bei der Glocke: Was schert sich die Glocke, die da klingt, darum, ob Sie ihr zuhören! – So können Sie nicht sagen: Was schert sich dasjenige, was auf der Zunge vorgeht, wenn Sie Essig trinken, um dasjenige, was Sie erleben! – Das können Sie nicht so sagen, da herrscht ein inniger Zusammenhang. Da ist das, was objektiver Vorgang ist, eins mit dem subjektiven Vorgang.

Die Sünden, die auf diesem Gebiete von der modernen Physiologie gemacht werden, streifen geradezu ans Unerhörte aus dem Grunde, weil man wirklich solch einen Vorgang, wie zum Beispiel das Schmecken, in einer ähnlichen Weise der Seele gegenüberstellt wie, sagen wir, das Sehen oder das Hören. Und es gibt philosophische Abhandlungen, die einfach ganz im allgemeinen von sinnlichen Qualitäten und ihrem Verhältnis zur Seele sprechen. Locke, selbst Kant, sie sprechen im allgemeinen von einem Verhältnis der sinnlichen Außenwelt zu der menschlichen Subjektivität, während etwas ganz anderes vorliegt für alles das, was vom Sehsinn nach aufwärts verzeichnet ist, und in dem, was vom Geschmackssinn nach abwärts verzeichnet ist. Es ist unmöglich, diese beiden Gebiete mit einer einzige Lehre zu umfassen. Und da man es getan hat, ist diese ungeheure Verwirrung in der Erkenntnistheorie heraufgezogen, die etwa seit Hume oder Locke oder noch früher die modernen Begriffe geradezu verwüstet hat bis herauf in die moderne Physiologie. Denn man kann auf die Natur und das Wesen der Vorgänge nicht kommen und damit auch nicht auf das Wesen des Menschen, wenn man in dieser Weise nach vorgefaßten Begriffen, ohne eine unbefangene Beobachtung, die Dinge verfolgt.

Wir müssen uns also klar sein, daß, indem wir so den Menschen vor uns hinstellen, wir auf der einen Seite deutlich ein nach innen gerichtetes Leben haben, das der Mensch für sich lebt, indem er einfach wahrnehmend sich zur Außenwelt verhält. Auf der andern Seite nimmt er allerdings auch wahr, aber mit dem, was er wahrnimmt, stellt er sich in die Welt hinein. Es ist, wenn ich mich etwas radikal ausdrücke, zum Schluß wiederum so, daß man sagen muß: Dasjenige, was auf meiner Zunge vorgeht, indem ich schmecke, das ist ganz als objektiver Vorgang in mir; indem er sich in mir abspielt, ist das ein Weltenvorgang. Während ich nicht sagen kann, daß dasjenige, was als Bild in mir ersteht durch das Sehen, zunächst ein Weltenvorgang ist. Es könnte wegbleiben, und die ganze Welt wäre so, wie sie ist. Dieser Unterschied zwischen dem oberen Menschen und dem unteren Menschen, der muß durchaus festgehalten werden. Wenn man ihn nicht festhält, dann wird man auf gewisse Richtungen gar nicht kommen können.

Wir haben mathematische Wahrheiten, geometrische Wahrheiten. Ein oberflächliches Menschenbetrachten denkt:

Nun ja, der Mensch nimmt aus seinem Kopfe oder irgendwo heraus – nicht wahr, so bestimmt sind ja die Vorstellungen nicht, die man sich da macht – die Mathematik. Aber das ist ja nicht so. Diese Mathematik kommt aus ganz andern Gebieten. Und wenn Sie den Menschen betrachten, so haben Sie ja die Gebiete gegeben, aus denen das Mathematische kommt: Es ist der Gleichgewichtssinn, es ist der Bewegungssinn. Aus solchen Tiefen herauf kommt das mathematische Denken, bis zu denen wir nicht mehr hinreichen, hinuntergehen mit unserem gewöhnlichen Seelenleben. Unter unserem gewöhnlichen Seelenleben lebt dasjenige, was uns heraufbefördert, was wir in mathematischen Gebilden entfalten. Und so sehen wir, daß das Mathematische eigentlich wurzelt in dem, was in uns zugleich kosmisch ist. Wir sind ja wirklich subjektiv nur mit dem, was vom Sehsinn hier nach aufwärts liegt; mit dem, was da hinunter liegt, wurzeln wir in der Welt. Wir sind darinnen in der Welt; mit dem, was aber darunter liegt, sind wir wie ein Holzklotz, ebenso wie die ganze übrige Außenwelt. Wir können daher niemals sagen, daß zum Beispiel die Raumlehre irgend etwas Subjektiveres haben könnte, denn sie entspringt aus dem in uns, worinnen wir selber objektiv sind. Es ist genau derselbe Raum, den wir durchmessen, wenn wir gehen, und den uns unsere Bewegungen vermitteln, genau derselbe Raum, den wir dann, wenn wir ihn im Bilde aus uns herausgebracht haben, auf das Angeschaute verwenden. Vom Raume kann auch nicht die Rede sein, daß er irgendwie etwas Subjektives sein könnte, denn er entspringt nicht jenem Gebiete, aus dem das Subjektive entspringt.

Eine solche Betrachtungsweise, wie ich sie jetzt angestellt habe, liegt einfach allem Kantianismus ganz fern, weil der Kantianismus diese radikale Unterscheidung nicht kennt zwischen diesen zwei Gebieten im menschlichen Leben. Er weiß nicht, daß der Raum nichts Subjektives sein kann, weil der Raum aus dem Gebiete im Menschen entspringt, das an sich objektiv ist, demgegenüber wir uns objektiv verhalten. Wir sind nur anders mit ihm verbunden als mit der Außenwelt, aber es ist Außenwelt, richtige Außenwelt und wird vor allen Dingen jede Nacht Außenwelt, indem wir uns mit unserer Subjektivität, dem Ich und astralischen Leib, schlafend zurückziehen.

Es ist notwendig, daß man einsieht: Es nützt nichts, möglichst viele äußere Tatsachen zusammenzutragen zu einer angeblichen Wissenschaft, die dann die Kultur weiter fördern soll, wenn innerhalb des Vorstellens und des Begreifens der Welt ganz konfuse Begriffe existieren, wenn über die wichtigsten Dinge keine klaren Begriffe existieren. Und das ist dasjenige, was wir als eine unbedingte Aufgabe jetzt vor uns haben, wenn den Niedergangskräften entgegengearbeitet und zu Aufgangskräften hingearbeitet werden soll: daß wir einsehen, wie es vor allen Dingen notwendig ist, zu klaren, nicht verschwommenen, sondern zu klaren Begriffen zu kommen. Man muß schon durchaus einsehen, daß das Ausgehen von Begriffen, das Ausgehen von Definitionen gar nichts bedeutet, sondern das vorurteilsfreie Anschauen der Tatsachengebiete.

Kein Mensch hat das Recht, zum Beispiel das Sehgebiet als etwas zu begrenzen, das er dann als ein Sinnesgebiet charakterisiert, wenn er nicht zugleich, sagen wir, das Gebiet der Wortewahrnehmung als ein ebensolches Gebiet absondert. Versuchen Sie es nur einmal, sich das Gebiet der gesamten Erfahrung so zu gliedern, wie ich das nun schon öfters gemacht habe, und Sie werden sehen, daß Sie sich nicht sagen dürfen: Wir haben Augen, also haben wir einen Sehsinn, und wir betrachten den Sehsinn. – Sondern Sie werden sich sagen müssen: Gewiß, das hängt mit irgend etwas zusammen, daß das Sehen so ausgesprochen physisch-sinnliche Organe hat; aber das berechtigt nicht, das Gebiet der Sinne auf dasjenige zu beschränken, in dem deutlich wahrnehmbare physische Organe vorhanden sind. – Dabei kommen wir noch lange nicht auf irgendeine höhere Anschauung, sondern wir kommen nur auf das, was im gewöhnlichen Menschenleben spielt. Auf das Wichtige kommen wir, daß wir wirklich unterscheiden müssen zwischen dem, was im Menschen subjektiv ist, was im Menschen inneres Seelenleben ist, und worinnen der Mensch eigentlich schläft. Ein kosmisches Wesen ist der Mensch zum Beispiel in bezug auf alles das, was seine Sinne vermitteln; da ist er ein kosmisches Wesen. Sie wissen nichts davon in Ihrem gewöhnlichen Seelenleben, was da vorgeht, wenigstens nicht ohne höhere Anschauung, wenn Sie Ihren Arm bewegen. Das ist Willensentwicklung. Es ist ein Vorgang, der ebenso außer Ihnen liegt wie irgendein anderer äußerer Vorgang. Trotzdem ist er mit Ihnen innig verbunden. Aber er liegt außer Ihrem Seelenleben. Dagegen kann keine Vorstellung da sein, ohne daß wir mit unserem Bewußtsein dabei sind. Sie bekommen daher, wenn Sie diese drei Gebiete gliedern, auch noch ein anderes.

Bei allem, was Ihr Ichsinn, Ihr Gedankensinn, Ihr Wortesinn und Ihr Gehörsinn Ihnen vermitteln, indem diese Vermittlungen zum Seelenleben werden, bekommen Sie ja im eminentesten Sinne alles dasjenige, was *vorstellungsverwandt* ist. In eben demselben Sinne ist alles, was Wärmesinn, Sehsinn, Geschmacks-, Geruchssinn betrifft, *gefühlsverwandt.* Bei einigem ist es nicht ganz zufällig, wie beim Sehsinn. Beim Geschmacks-, Geruchs- und Wärmesinn ist es auffällig, aber beim Sehsinn wird derjenige, der genauer darauf eingeht, das auch finden. Dagegen alles das, was mit Gleichgewichtssinn, Bewegungssinn, Lebenssinn zusammenhängt und auch mit dem Tastsinn, obwohl es da schwerer zu bemerken ist, weil der Tastsinn sich ins Innere zurückzieht, alles das ist *willensverwandt.* Im menschlichen Leben ist eben alles miteinander verwandt und doch alles wiederum metamorphosiert.

So habe ich versucht, Ihnen heute zusammenfassend dasjenige, was ich bei den verschiedensten Gelegenheiten ausgeführt habe, noch einmal zu sagen, damit wir dann die morgige und übermorgige Betrachtung daranschließen können.

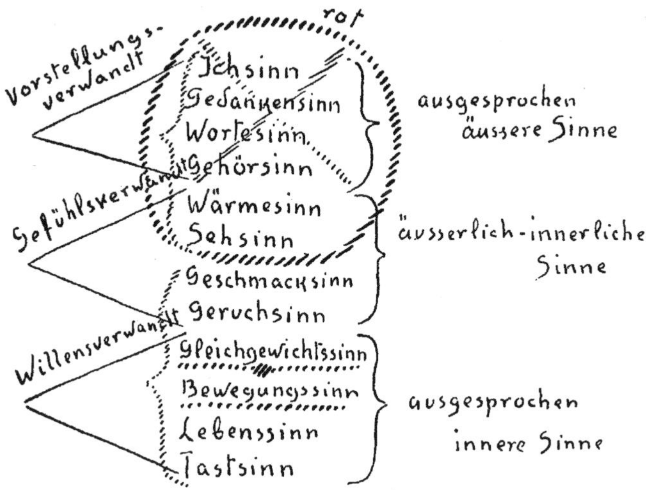

Die Sinneserlebnisse des oberen und des unteren Menschen

Dornach, 23. Juli 1921

Ich habe gestern versucht, gewissermaßen den Schnitt zu ziehen zwischen jenen Sinneserlebnissen, die dem oberen Menschen, wenn ich so sagen darf, angehören, die das eigentliche Seelenleben des Menschen konstituieren, und denjenigen Sinneserlebnissen, die mehr einem unteren Menschen angehören, deren Inhalt gewissermaßen der menschlichen Bewußtheit in ähnlicher Weise gegenübersteht wie eigentlich äußere Erlebnisse, nur daß sie eben sich im Inneren des Menschen abspielen. Wir haben gesehen, daß zu den Sinneserlebnissen der ersteren Art diejenigen des Ichsinnes, des Gedankensinnes, des Wortesinnes, des Gehörsinnes, des Wärmesinnes und des Sehsinnes gehören, und wir haben gesehen, daß wir in zwei Regionen eintauchen, in denen der Mensch im wesentlichen seine inneren Erlebnisse gleichartig den äußeren Erlebnissen im Bewußtsein hat, indem wir den Geschmackssinn, Geruchssinn und die andern, die eigentlich inneren Sinne haben. Sie sehen schon, indem man über ein solches Thema redet, wie schwierig es ist, mit jenen gröberen Ausdrücken zu hantieren, die für die Charakteristik der Außenwelt ja ganz gut anwendbar sind, die aber natürlich sofort versagen, wenn man die menschliche Wesenheit selbst und das Innere des Weltengefüges in Betracht zieht.

Jedenfalls aber kann demjenigen, der sich ganz klarmacht diesen Unterschied des oberen und des unteren Menschen, die ja beide in einer gewissen Weise das Weltgeschehen repräsentieren, auch klarwerden, wie durch unser Erleben ein Schnitt geht, wie wir in einer ganz verschiedenen Art gewissermaßen den einen Pol unseres Erlebens gegenüberstellen dem andern Pol. Ohne daß man sich gewissenhaft befaßt mit dieser Gliederung der menschlichen Wesenheit, wird man doch nicht in einer hinlänglichen Weise über das allerwichtigste Problem der Gegenwart und der nächsten Zukunft zur Klarheit kommen können, nämlich über das Problem: Wie steht es eigentlich mit dem Verhältnisse der moralischen Welt, innerhalb welcher wir mit unserer höheren menschlichen Natur doch leben, innerhalb welcher unsere menschliche und Weltverantwortlichkeit vorhanden ist, zu jener Welt, in die wir nun auch eingespannt sind, der Welt der Naturnotwendigkeit?

Wir wissen ja, daß in den letzten Jahrhunderten, seit der Mitte des 15. Jahrhunderts, der menschliche Fortschritt namentlich darauf beruhte, daß die Vorstellungen ausgebildet worden sind, die sich auf die Naturnotwendigkeit beziehen. Weniger Aufmerksamkeit hat die Menschheit in diesen Jahrhunderten auf das andere Gebiet des menschlichen Erlebens verwendet, auf das Gebiet der moralischen Weltenordnung. Heute ist für jeden, der nur ein wenig die Zeichen der Zeit zu deuten versteht, der sich bekanntzumachen weiß mit den großen Aufgaben der Zeit, ohne weiteres klar, daß ein tiefer Spalt besteht zwischen dem, was moralische Notwendigkeit genannt wird, und demjenigen, was natürliche Notwendigkeit genannt wird.

Dieser Spalt hat sich ja namentlich in der Weise aufgetan, daß eine große Anzahl von Menschen, die da glauben, im heutigen Geistesleben ganz drinnenzustehen, den Unterschied machen zwischen einem gewissen Gebiete des Erlebens, das vom Wissen, vom Erkennen umfaßt werden kann, und dem andern Gebiete des Erlebens, das nur vom Glauben umfaßt werden soll. Und Sie wissen ja, daß man auf gewissen Seiten als eigentlich wissenschaftlich nur gelten läßt, was man in strenge, wie man es so nennt, Naturgesetze bringen kann, daß man geradezu eine andere Art von Gewißheit statuieren will für alles das, was das Leben des Moralischen ist, und daß man für diese Gewißheit bloß eine Art von Glaubensgewißheit in Anspruch nimmt. Es gibt ausführliche Theorien über die notwendige Unterscheidung, die man machen müßte zwischen der eigentlich wissenschaftlichen Gewißheit und der Glaubensgewißheit.

Alle diese Unterscheidungen, alle diese Theorien beruhen ja im Grunde genommen darauf, daß man heute ein sehr geringes historisches Bewußtsein hat, daß man die Bedingungen, unter denen unsere gegenwärtigen Seeleninhalte zustande gekommen sind, sehr wenig berücksichtigt. Ich habe ja das klassische Beispiel dafür öfter angegeben. Ich habe Ihnen gesagt, wie heute zum Beispiel die Philosophen meinen, mit der Unterscheidung des Menschen in Leib und Seele etwas zu sagen, was auf irgendeiner ursprünglichen Beobachtung oder dergleichen beruht, während dasjenige, was die Menschen über die beiden Gebiete Leib und Seele denken, lediglich ein Ergebnis eines Konzilsbeschlusses ist, des Konzilsbeschlusses von 869, des achten Konzils, das zum Dogma erhoben hat den Lehrsatz: der Mensch dürfe nicht angesehen werden als bestehend aus Leib, Seele und Geist, sondern nur aus Leib und Seele, und der Seele dürften eben einige geistige Eigenschaften zugeschrieben werden.

Dieses Dogma ist in den folgenden Jahrhunderten immer mehr und mehr befestigt worden. In diesem Dogma haben namentlich die Philosophen des Mittelalters gelebt. Und als sich aus der mittelalterlichen Philosophie die neuere Philosophie herausgebildet hat, da glaubten die Leute aus ihren Erfahrungen heraus zu urteilen. Aber sie urteilten nur nach der Gewohnheit, die sie sich angeeignet haben in Gemäßheit dessen, was eben eine jahrhundertealte Gewohnheit geworden war: den Menschen als nur bestehend aus Leib und Seele anzunehmen.

Es ist dies das klassische Beispiel für manches, worinnen die heutige Menschheit steht, indem sie glaubt, ein unbefangenes Urteil zu haben, während das Urteil, das geäußert wird, nichts anderes ist als das Ergebnis eines historischen Vorganges. Man kommt auch nicht leicht zu einem wirklich maßgeblichen Urteil als lediglich durch das Überschauen von immer größeren und größeren historischen Zeiträumen.

Wer zum Beispiel nur das wissenschaftliche Denken der Gegenwart kennt, bei dem ist es ganz selbstverständlich, daß er nur dieses für maßgebend hält, daß er sich gar nicht denken kann, daß man auch irgendeine andere Art von Erkenntnis haben könne. Wer, sagen wir, zu diesem wissenschaftlichen Urteil der Gegenwart hinzu, das sich seit der Mitte des 15. Jahrhunderts etwa befestigt hat, noch ein wenig dasjenige kennt, was im früheren Mittelalter geltend war bis ins 4. nachchristliche Jahrhundert zurück, der wird etwa so urteilen, wie die besseren Neuscholastiker der Gegenwart über die Beziehungen des Menschen zur intellektuellen Welt urteilen; aber er wird keineswegs ein Urteil gewinnen können über etwas anderes als höchstens über das Verhältnis des Menschen zur Intellektualität, nicht aber ein Urteil über das Verhältnis des Menschen zur Geistigkeit. Denn er weiß nicht, daß, wenn man zurückgeht, sagen wir hinter Aristoteles, der ja 322 vor Christi Geburt gestorben ist, man, um überhaupt ein Verständnis zu gewinnen für die Art und Weise, wie die Menschen damals gedacht haben, sich selbst in eine ganz andere Geisteskonfiguration hineinfinden muß, als diejenige ist, die man etwa in der Gegenwart hat. Plato oder gar Heraklit oder Thales mit einer solchen Geistesverfassung verstehen zu wollen, wie man sie in der Gegenwart hat, ist eine Unmöglichkeit. Man versteht schon nicht einmal Aristoteles. Und wer etwas genauer die Diskussionen kennt, welche über die aristotelische Philosophie in der neueren Zeit gepflogen worden sind, der weiß, wie durch das Hin- und Herschreiben der Begriffe und Vorstellungen, die sich noch bei Aristoteles finden, unzählige Ungeklärtheiten entstanden sind, einfach weil man nicht berücksichtigt hat, daß in dem Augenblicke, wo man sich zum Beispiel zu Plato, der der Lehrer des Aristoteles war, zurückwendet, man schon eine ganz andere Geisteskonfiguration haben muß. Dann, wenn man von Plato vorwärtsschreitend an Aristoteles herantritt, dann wird man auch sehen, wie man die Logik des Aristoteles anders beurteilt, als wenn man sie gewissermaßen nur im Rückblick mit demjenigen anschaut, was man heute als Geistesverfassung aus der Kultur der Gegenwart heraus gewinnen kann.

Aristoteles hatte im wesentlichen, auch als er seine Logik aufstellte, die ja schon abstrakt genug ist, die schon genug intellektualisiert ist, Aristoteles hatte noch durchaus wenigstens ein äußeres Wissen, wenn auch nicht eine selbsteigene Anschauung – die wird ja bei Aristoteles wohl sehr spärlich gewesen sein –, aber er hatte noch ein deutliches Wissen, daß man einmal, wenn auch in instinktiver Art, in die geistige Welt hat hineinschauen können. Und für ihn waren die logischen Regeln die letzte Äußerung, wenn ich so sagen darf, von oben, von der geistigen Welt aus. Also für Aristoteles war dasjenige, was er als logische Regeln oder als logische Grundbegriffe festsetzte, gewissermaßen der Schatten, der heruntergeworfen wird aus der geistigen Welt, die für Plato zum Beispiel noch eine gegebene Welt war, eine zu erlebende Welt, eine faktische Welt, eine bewußtseinsfaktische Welt.

Gewöhnlich wird eines nicht gesehen. Es werden nicht gesehen die großen, die gewaltigen Unterschiede, die für die einzelnen Menschheitsepochen bestehen. Wenn Sie die Jahre nehmen, sagen wir, etwa vom Tode des Aristoteles, 322 vor Christo, bis zum Konzil von Nicäa, 325 nach Christi Geburt, so haben Sie einen Zeitraum, dessen Erkenntnis äußerlich allerdings sehr schwierig ist, weil sich die Kirche ja hat angelegen sein lassen, alle Dokumente auszutilgen, die äußerlich ein einigermaßen entsprechendes Bild geben würden von der Seelenverfassung dieser drei vorchristlichen und drei nachchristlichen Jahrhunderte.

Man muß nur bedenken, daß zum Beispiel heute eine große Anzahl von Menschen eben einfach über die Gnosis sprechen. Wie kennen sie die Gnosis? Sie kennen sie aus den Schriften der Gegner. Mit Ausnahme ganz weniger und außerordentlich wenig charakteristischer gnostischer Schriften ist ja alles Gnostische ausgetilgt worden, und man hat nur dasjenige, was als Zitate eingefügt worden ist in gegnerische Schriften, in Schriften, die dazu bestimmt waren, die Gnosis zu widerlegen. Man hat ungefähr die Gnosis so, wie man die Anthroposophie haben würde, wenn man sie aus den Schriften des Pfarrers Kully kennenlernen würde; so hat man da die Gnosis. Und dennoch reden die Menschen aus dieser äußerlichen Erkenntnis über die Gnosis.

Nun aber war diese Gnosis ein wesentliches Element alles dessen, was das reale Geistesleben gerade der Jahrhunderte war, von denen ich gesprochen habe. Wir können heute selbstverständlich uns nicht etwa wiederum zur Gnosis zurückwenden. Aber diese Gnosis bildete namentlich für die europäische Entwicklung in dem genannten Zeitraume etwas außerordentlich Wichtiges.

Wie könnte man diese Gnosis eigentlich charakterisieren? So etwa, wie man im 4. nachchristlichen Jahrhundert von der Gnosis hat sprechen können, so hätte man natürlich, sagen wir, ein halbes Jahrtausend vorher nicht sprechen können. Denn ein halbes Jahrtausend vorher waren noch instinktive alte Schauungen da, Erkenntnisse der übersinnlichen Welt, und man mußte von diesen Erkenntnissen der übersinnlichen Welt so sprechen, daß man sie beschrieb. Man hatte gewissermaßen immer im Hintergrunde einer solchen Beschreibung die reale geistige Welt, die bewußtseinspräsent war. Das hörte auf.

Aristoteles zum Beispiel ist gerade dadurch charakterisiert, daß für ihn diese Welt völlig nur noch eine Tradition war. Vielleicht hat er, wie ich schon sagte, einiges davon gewußt, aber im wesentlichen war sie für ihn Tradition. Aber das, was aus diesen geistigen Welten heraus die Begriffe an Timbre gehabt haben, das war noch vorhanden, und das ging eigentlich erst zugrunde im 3., 4. nachchristlichen Jahrhundert.

Augustinus hatte nichts mehr von der Gnosis. Da war sie bereits verschwunden. Die Gnosis ist also wesentlich, sagen wir, der abstrakte Bodensatz einer früher spirituellen Erkenntnis, der abstrakte Bodensatz, die bloßen Begriffe. Es waren Abstraktionen, die da lebten. Man kann sie schon bei Philo als Abstraktionen erkennen. Man kann sie auch bei den eigentlichen Gnostikern als Abstraktionen erkennen. Aber es waren Abstraktionen von einer einmal geschauten geistigen Welt. Für die Leute des 4. nachchristlichen Jahrhunderts lag die Sache schon so, daß sie überhaupt nichts mehr anzufangen wußten mit den Begriffen, die der Inhalt der Gnosis waren. Daher jener im Grunde genommen ganz und gar nicht auf eine Formel zu bringende Streit zwischen dem Arianismus und Athanasianismus. Nicht wahr, wie das gestritten, diskutiert worden ist, ob der Sohn gleicher Natur und Wesenheit mit dem Vater oder verschiedener Natur und Wesenheit mit dem Vater ist, das bewegt sich auf einem Gebiete, wo man schon den eigentlichen Inhalt der alten Begriffe verloren hatte. Man diskutierte gewissermaßen nur mehr mit Worten, nicht mehr mit den Vorstellungen.

Das war der Übergang dazu, den reinen Intellektualismus

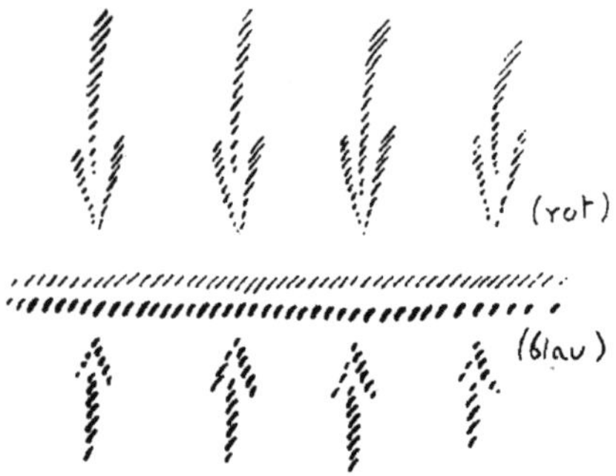

immer mehr und mehr auszubilden, der dann eben in der Mitte des 15. Jahrhunderts an die abendländische Menschheit herankam. Als dann dieser Intellektualismus auftauchte, da war die Logik etwas ganz anderes, als sie bei Aristoteles war. Bei Aristoteles war Logik gewissermaßen der Bodensatz spiritueller Erkenntnisse. Er hatte dasjenige gesammelt, was die Leute früher erfahren hatten aus der geistigen Welt heraus. Davon war nun jedes Bewußtsein verschwunden, und es war nur noch vorhanden das intellektuelle Element selber, das intellektuelle Element, das jetzt aber nicht sich als ein Bodensatz spiritueller Welten ausnahm, sondern als eine Abstraktion aus der Sinneswelt. Man nahm gewissermaßen dasjenige, was bei Aristoteles ein Ergebnis der Welten von oben war (rot), als Abstraktion der Welten von unten (blau). Und mit dieser Intellektualität gingen jetzt im wesentlichen die Menschen wie Kopernikus, Galilei, Kepler heran – Kepler hatte allerdings noch einige Intuitionen – und versuchten dasjenige anzuwenden, dessen spiritueller Ursprung verlorengegangen war; sie versuchten es anzuwenden auf die äußere natürliche Welt, auf die bloß natürliche Welt. So daß man sagen kann: Die Entwicklung vom 4. nachchristlichen Jahrhundert bis in die Mitte des 15. Jahrhunderts ist im wesentlichen eine Art Schwangergehen der zivilisierten Menschheit mit dem nur von unten kommenden Intellektualismus, der dann voll herauskommt im 15. Jahrhundert und sich dann immer mehr und mehr in der Anwendung des Verstandes auf die äußere Naturbeobachtung festlegt, bis er im 19. Jahrhundert seinen Höhepunkt in dieser Beziehung erlangt hat.

Nun, wenn Sie alles so nehmen, was ich gestern gesagt habe über Ichsinn, Gedankensinn, Wortesinn und so weiter, so werden Sie sich sagen: So, wie wir diese Sinne jetzt haben, wie wir das Ergebnis dieser Sinne jetzt erleben im gewöhnlichen menschlichen Bewußtsein, haben wir es ja im Grunde genommen nur mit Bildern zu tun, sonst könnten ja gar nicht fortwährend jene Diskussionen sich ergeben, die aus den Eigentümlichkeiten der gegenwärtigen Zeit heraus sich ergeben müssen. Ein wirkliches Verstehen des eigentlichen Seelenlebens ist ja im Grunde genommen zunächst verlorengegangen. Ein empirischer Beweis dafür ist, wie ich Ihnen öfter vorgeführt habe, die Art und Weise, wie Brentano gescheitert ist in dem Abfassen einer Psychologie, einer Seelenlehre, was er redlich vorgehabt hat. Die andern verfassen natürlich Seelenlehren, weil sie weniger redlich sind, weniger ehrlich sind; aber er wollte ganz ehrlich eine Seelenlehre mit Gehalt verfassen, und er kam zu keinem Gehalt, weil der Inhalt nur aus Geisteswissenschaft hätte kommen können, die er ablehnte. Daher blieb es bei dem Torso, indem er weniger von dem brachte, als er eigentlich bringen wollte. Es ist dieses ein tief bedeutsames historisches Faktum, dieses Scheitern des Brentano mit seiner Psychologie. Denn all das Jonglieren mit allerlei Begriffen und Vorstellungen, das heute unsere psychologische Wissenschaft ausführt, war natürlich für Brentano etwas Leeres.

Nun, dasjenige aber, was da Seelenleben ist als Ergebnis der sechs oberen Sinne, des Ichsinnes bis zum Sehsinn, alles das war einmal mit spirituellem Leben erfüllt. Und wir blicken zurück in alte Zeiten in Europa bis zu Plato; da war mit Spiritualität erfüllt, was nun immer leerer und leerer an Spiritualität wurde, was immer intellektualistischer und immer intellektualistischer wurde. Und wir kommen da auf der einen Seite zu alldem, was der Menschheit gewissermaßen in ihrer Entwicklung in der älteren Zeit gegeben war, in der Zeit, in der das Morgenland in bezug auf die menschliche Zivilisation der Erde tonangebend war. Da hatte man eine Zivilisation, die gegeben war diesem Seelenleben, diesem eigentlichen Seelenleben. So daß wir sagen können:

Ichsinn Gedankensinn Wortesinn Lautsinn oder Tonsinn Wärmesinn Sehsinn	} orientalische Kultur (oberer Mensch)

Alle diese Sinne liefern Ergebnisse, die, wenn im Inneren der Seele spirituelles Leben ist, diesem spirituellen Leben Nahrung geben. Und was da die Menschheit entwickelt hat, das hat sie entwickelt in der alten orientalischen Kultur. Und Sie verstehen sie am besten, diese orientalische Kultur in ihrer Gesamtheit, wenn Sie sie so verstehen, wie ich es eben jetzt dargelegt habe.

Aber das ist gewissermaßen in dem Untergrund der Entwicklung der Zivilisation herangezogen: das Seelenleben wurde zunächst – und das begann eben, wie gesagt, im 4. Jahrhundert – entspiritualisiert, intellektualisiert. Die Abfassung der abstrakten Logik des Aristoteles war der erste Merkstein dieser Entspiritualisierung des menschlichen Seelenlebens, das Austilgen der Gnosis, das vollständige Hinunterdrängen dieses Seelenlebens. Nun bleibt der andere Mensch:

Geschmackssinn Geruchssinn Gleichgewichtssinn Bewegungssinn Lebenssinn Tastsinn	okzidentalische Kultur (unterer Mensch)

Und es begann nun eine Zivilisation, die sich im wesentlichen auf diese Sinne stützte. Wenn sie das auch zunächst nicht zugibt, sie stützt sich auf diese Sinne. Denn nehmen Sie jenen Wissenschaftsgeist, der heraufkam, der überall Mathematik anwenden will. Mathematik kommt, wie ich gestern charakterisierte, aber aus Bewegungs- und Gleichgewichtssinn. Also selbst dasjenige, das am geistigsten vorbringt unsere moderne Wissenschaftlichkeit, das kommt vom unteren Menschen. Insbesondere aber wird mit dem Tastsinn gearbeitet, denn es werden ja sogar die andern Sinne dadurch charakterisiert, daß man ihnen überall eigentlich die Eigenschaften des Tastsinnes zugrunde legt. Sie können da heute interessante Studien machen, wenn Sie in das physiologische Gebiet eindringen.

Gewiß, die Leute reden zum Beispiel vom Sehen oder vom Auge oder vom Sehsinn; aber für denjenigen, der die Dinge durchschaut, sind alle die Begriffe, die angewendet werden, eigentlich aus dem Tastsinn in den Sehsinn hereingeschwindelt. Es wird mit Dingen, die dem Tastsinn entlehnt sind, gearbeitet. Die werden hineingeschwindelt. Die Leute bemerken das nicht; aber sie charakterisieren den Sehsinn, indem sie die Kategorien, die Vorstellungen, mit denen man den Tastsinn begreifen kann, auf das Sehen anwenden. Was man heute in der Wissenschaft Sehen nennt, ist eigentlich nur ein etwas komplizierteres Tasten. Zuweilen werden dann Kategorien, Begriffe wie Schmecken, Riechen, zu Hilfe genommen und so weiter. Auf dasjenige, was unseren heutigen Vorstellungen besonders zugrunde liegt, die Art und Weise, wie wir äußere Erscheinungen zusammenfassen, auf das können wir durchaus auch in demselben Sinne hindeuten; denn das ist heute schon ein Ergebnis der äußeren Anatomie und Physiologie, wenigstens eine gut begründete Hypothese, daß eigentlich unser heutiges Denken in einer Metamorphose des Geruchssinnes wurzelt, insofern das Denken gebunden ist an das Gehirn, also gar nicht an die höheren Sinne, sondern an eine Metamorphose des Geruchssinnes. Diese eigentümliche Art, wie wir uns im Begreifen zu der Außenwelt verhalten, die ganz verschieden ist von dem, wie sich etwa Plato zu der Außenwelt verhalten hat, das ist nicht etwa ein Ergebnis der höheren Sinne, das ist ein Ergebnis des Geruchssinnes, wenn ich mich etwas trivial ausdrücken darf. Ich möchte sagen, wir haben unsere Vollendung als Menschen heute nicht dadurch, daß wir die höheren Sinne ausgebildet haben, sondern eben dadurch, daß wir uns eine etwas umgestaltete, eine metamorphosierte, verfeinerte Hundeschnauze angeschafft haben. Die besondere Art, zur Außenwelt sich zu verhalten, ist eben eine ganz andere als diejenige, die einem spirituellen Zeitalter entspricht.

Nun, wenn das, was sich zunächst in alten Zeiten durch die höheren Sinne der Menschheit geoffenbart hat, als orientalische Kultur bezeichnet werden muß, so muß dasjenige, in dem wir drinnen leben und das ich eben charakterisiert habe, als das Wesentliche der okzidentalischen Kultur angesehen werden. Diese okzidentalische Kultur ist im wesentlichen aus dem unteren Menschen herausgeholt.

Bei solchen Dingen, wie ich sie jetzt ausspreche, muß ich immer wieder und wiederum betonen: Es handelt sich dabei wirklich nicht um Wertungen, sondern um historische Verläufe. Ich will durchaus nicht andeuten mit dem Oberen und

Unteren, daß das eine wertvoll, das andere weniger wertvoll wäre. Das eine ist eben ein Versenken in die Welt, das andere ist ein Nichtversenken in die Welt. Und es hilft nichts, wenn man da irgendwelche Sympathien und Antipathien einmischt. Man kommt eben dann nicht zu einer objektiven Erkenntnis. Wer festhalten will, was in der Vedenkultur, in der Vedantakultur, in der Yogakultur enthalten ist, der muß von einem Verständnis dieser Dinge auf diesem Wege ausgehen (siehe Aufstellung Seite 38, oberer Mensch). Und wer verstehen will, was sich eigentlich erst im Anfange befindet, was immer mehr und mehr ausgebildet werden muß für gewisse Arten des menschlichen Verhaltens, was allerdings im 19. Jahrhundert schon einen gewissen Höhepunkt erlangt hat, der muß wissen, daß da der untere Mensch besonders heraus will und daß dieses Herauskommen des unteren Menschen ganz besonders der angloamerikanischen Natur eigen ist, der okzidentalischen, der westländischen Kultur.

Ein besonders charakteristischer Geist für das Heraufkommen dieser Kultur ist ja Bacon, Baco von Verulam, der deshalb ganz besonders charakteristisch ist, weil er in dem, sagen wir, was er in seinem *Novum organon* behauptet, eigentlich sehr leichtgeschürzte Behauptungen aufstellt, Dinge sagt, die im Grunde genommen nur für Oberflächlinge irgend etwas Wesentliches bedeuten können. Und dennoch sind sie außerordentlich charakteristisch. Bacon ist ja sowohl unwissend wie töricht in gewisser Beziehung und oberflächlich, außerordentlich oberflächlich. Unwissend ist er, denn sobald er über ältere Kulturen spricht, redet er Unsinn, weiß nichts davon. Oberflächlich ist er, weil man ihm das aus seinen Schriften nachweisen kann. Da, wo er zum Beispiel über die Wärme spricht – er ist ein Empiriker –, da stellt er alles das zusammen, was man über Wärme sagen kann; aber man sieht, er hat alle diese Notizen aus den Experimentenbüchern. Was er sich über die Wärme zusammengestellt hat, hat er nicht selber zusammengestellt, sondern von einem Schreiber zusammenklauben lassen, denn es ist eine ungeheuer gehudelte Arbeit. Trotzdem, er ist ein Markstein in der neueren Entwicklung. Man möchte sagen, es kann einem seine Persönlichkeit ganz gleichgültig sein, aber durch all das Gehudle und durch all den Nonsens, den er vielfach sagt, drückt sich immer etwas durch, was besonders charakteristisch ist für das Heraufkommen eben einer solchen Kultur, die dem entspricht, was ich hier charakterisiert habe (Seite 39). Und es ist unmöglich, daß die Menschheit aus der Misere, in der sie gegenwärtig lebt, herauskommen kann, wenn sie nicht begreift, daß zwar, aus Gründen, die ja aus den bisherigen Vorträgen genugsam ersichtlich sein können, sich leben ließ mit der Kultur des oberen Menschen, daß sich aber nicht wird leben lassen mit der Kultur des unteren Menschen. Denn schließlich bringt der Mensch sich dennoch bei jeder neuen Inkarnation seine Seele mit, die unbewußte Reminiszenzen hat aus früheren Erdenleben. Der Mensch wird immer wiederum zu dem Abgelebten hingedrängt. Heute weiß er es vielfach nicht, wozu er da hingedrängt wird. Es besteht dieses Hindrängen in einer ganz unbestimmten Sehnsucht, in etwas Undefinierbarem vielfach, aber es ist da. Und es ist vor allen Dingen dadurch da, daß man langsam dasjenige, was diesem Gebiete angehört (Seite 39, unterer Mensch), indem es in Gesetzmäßigkeiten gefaßt wird, als etwas Objektives gelten läßt. Alles das, was eigentlich mehr traditionell vorhanden ist und diesem Gebiete angehört (Seite 38, oberer Mensch), das hat sich verflüchtigt in bezug auf seinen Seinscharakter in den Glauben, und man versucht es noch festzuhalten, indem man sich geniert, diesem, was da der Seele angehört mit dem moralischen Inhalt,

Seinscharakter beizulegen und ihm eigentlich in bezug auf seine Erkenntnis nur eine Glaubensgewißheit zugesteht.

Aber es ist nicht möglich für die Menschheit, mit diesem Zwiespalt in der Seele weiterzuleben in der Gegenwart. Man kann sich noch einreden, es müsse der evangelische Gegensatz von Glauben und Wissen, der insbesondere in den evangelischen Konfessionen konstruiert ist, theoretisch vertreten werden. Theoretisch vertreten kann man es, aber man kann es nicht für das Leben anwenden, man kann nicht leben damit. Das menschliche Leben selber widerspricht dem Aufrichten eines solchen Gegensatzes. Es muß der Weg gefunden werden, das Moralische anzugleichen demjenigen, dem man ein Sein zugesteht, sonst wird man immer dahin kommen, sich zu sagen: Aus den bloßen Naturnotwendigkeiten macht man sich Vorstellungen über den Erdenanfang und über das Erdenende; aber was dann werden soll, wenn dieses naturwissenschaftlich beurteilte Erdenende da ist, mit dem, weswegen wir uns eigentlich einen menschlichen Wert beilegen, mit dem, was der Mensch innerlich moralisch sich als Wert aneignet, was da werden soll, wie das gerettet werden soll aus der untergehenden Erde hinaus in andere Welten, darüber will man sich nur einer Glaubensgewißheit hingeben.

Und interessant ist es, wie gerade von diesem Gesichtspunkt aus zum Beispiel Anthroposophie bekämpft wird. Dieses Bekämpfen darf ich schon aus dem Grunde erwähnen, weil es typisch ist, weil es nicht von einem ausgeht, sondern von einer ganzen Anzahl von Leuten. Sie finden, daß Anthroposophie Anspruch darauf macht, Inhalt zu haben, der Erkenntnisinhalt ist, also behandelt werden kann so, wie zum Beispiel der naturwissenschaftliche Erkenntnisinhalt. Tröpfe sagen natürlich, er entspricht nicht dem naturwissenschaftlichen Erkenntnisinhalt, er ist etwas anderes – nun, das ist eine Selbstverständlichkeit, die man nicht besonders zu erwähnen braucht –, aber er kann so behandelt werden, wie der naturwissenschaftliche Erkenntnisinhalt. Manche sagen auch, man kann ihn nicht beweisen. Die haben sich eben niemals mit der logischen Natur des Beweisens bekanntgemacht. Aber um was es sich handelt, ist, daß gesagt wird: Diejenigen Dinge, von denen Anthroposophie handelt, die dürfen überhaupt nicht Gegenstand einer Erkenntnis werden, denn es würde ihnen ihr wesentlicher Charakter genommen, wenn sie Gegenstand einer Erkenntnis werden würden; sie müssen Gegenstand einer Glaubensgewißheit sein. Denn nur dadurch, daß man nichts weiß von Gott, von einem unsterblichen Leben, sondern nur glaubt an diese Dinge, darauf beruht der Wert dieser Dinge. Und es wird geradezu zum Vorwurf gemacht, daß in der Anthroposophie ein Wissen von diesen Dingen angestrebt wird, ja, es wird dieses Wissen sogar von dem Gesichtspunkt aus angefochten, daß man sagt: Es wird ja da der religiöse Charakter dieser Wahrheiten untergraben, denn der religiöse Charakter beruht darauf, daß man eben irgend etwas glaubt, worüber man nichts weiß. Das Vertrauen drücke sich gerade dadurch aus, daß man nichts davon wisse. – Ich möchte zwar wissen, wie die Menschen im gewöhnlichen Leben mit einem solchen Vertrauensbegriff auskommen würden! Man müßte also das gleiche Vertrauen haben zu denjenigen, von denen man gar nichts weiß, wie zu denen, von denen man etwas weiß. Man dürfte also zu den göttlich-geistigen Wesen kein Vertrauen haben, wenn man sie kennenlernt. Also es müßte gerade der religiöse Charakter darin bestehen, daß man sie nicht kennt, denn es ist die Heiligkeit der religiösen Dinge angetastet, wenn man sie zur Erkenntnis macht.

Ja, die Sache ist schon so: Läßt man sich ein wenig ein auf die Begriffsschwätzereien, die da vorkommen, dann wird man sehen, daß in dem, was von Woche zu Woche gedruckt wird, im Grunde genommen solche Dinge sich darinnen finden, die einfach in Unsinn ausarten, wenn man sie auf ihre ursprünglichen, elementaren Bestandteile bringt. Man darf heute über solche Dinge nicht hinwegschauen – es muß das immer wieder erwähnt werden, und wenn ich mich auch mit solchen Dingen wiederhole, ich scheue solche Wiederholungen nicht –, man muß auf solche Dinge sehen. Man muß zum Beispiel sich sagen können: Wenn sich heute eine angesehene Zeitung in Württemberg von einem Universitätsprofessor einen Aufsatz über Anthroposophie schreiben läßt, und der schreibt dann: Ja, diese Anthroposophie, die behauptet, daß es eine geistige Welt gäbe, in der sich die geistigen Wesenheiten bewegen wie Tische und Stühle im physischen Raum – ja, wenn ein Universitätsdozent heute in der Lage ist, einen solchen Satz hinzuschreiben, so ist er unmöglich, so müßte eigentlich alles angewendet werden, um ihn unschädlich zu machen, denn Unsinn darf nicht an verantwortlicher Stelle geschrieben werden. Nur wenn jemand betrunken ist, bewegen sich für ihn – aber auch nur subjektiv – Tische und Stühle. Und da der Professor Traub weder die Hypothese zulassen wird, daß er seinen maßgeblich autoritativen Artikel in betrunkenem Zustand geschrieben hat, noch auch, daß er Spiritist ist – denn für Spiritisten bewegen sich ja auch Tische und Stühle, wenn auch nicht ganz von selber –, so hat man das volle Recht zu sagen: Hier wird in gedankenlosester Weise Unsinn hingeschrieben. Und wer imstande ist, einen solchen Unsinn hinzuschreiben, dessen ganze Wissenschaft verdient keinen Glauben.

Heute ist es notwendig, in diesen Dingen sich absoluteste Strenge zur Pflicht zu machen. Und wir kommen immer tiefer hinein in die Niedergangskräfte, wenn diese absoluteste Strenge nicht zur Pflicht gemacht wird. In dieser Beziehung wird eben heute das Unglaublichste erlebt, und das Unglaublichste geht durch, indem man immer wieder Entschuldigungsgründe über Entschuldigungsgründe hat für das, was von angeblich autoritativer Seite an Abgefeimtheiten in solchen Dingen verbrochen wird. Es ist eben durchaus heute notwendig, daß darauf gehalten werde, zu klaren, inhaltsvollen Begriffen zu kommen auf allen Gebieten. Und kommt man zu klaren, inhaltsvollen Begriffen, dann ist die Theorie von der Trennung von Wissen und Glauben eben nicht zu halten. Denn dann müßte sie zurückgeführt werden auf dasjenige, worauf ich sie eben jetzt zurückgeführt habe.

Aber auch diese Trennung zwischen Wissen und Glauben ist nur historisch bedingt. Sie ist zum Teil historisch bedingt aus dem, was ich schon angeführt habe, oder aber historisch bedingt noch aus anderem. Vor allen Dingen kommt für diese Sache folgendes in Betracht. Wir haben zum Beispiel innerhalb des abendländischen Christentums zunächst dasjenige, was in den ersten Jahrhunderten des Christentums durch die Verschmelzung der Gnosis mit der monotheistischen Evangelienlehre zustande gekommen ist, und wir haben Verschmelzung des Christentums mit dem, was auf diese Weise zustande gekommen ist in der Zeit der Scholastik – allerdings auf eine sehr geistvolle Weise, aber doch eben als eine bloße historische Reminiszenz – mit dem Aristotelismus. Und es ist eine durchaus aristotelische Lehre die Lehre von der gleichzeitigen Entstehung des menschlichen Leibes und der menschlichen Seele durch die Geburt oder sagen wir Konzeption eines Menschen. Mit dem Abstreifen der alten Spiritualität, mit dem Heraufdringen der bloßen Intellektualität wurde schon von Aristoteles abgestreift die Präexistenzanschauung, die Anschauung von dem Leben der Menschenseele vor der Geburt, vor der Konzeption. Dieses Leugnen der Präexistenzlehre ist nicht christlich, sondern es ist aristotelisch. Zur dogmatischen Fessel wurde im Grunde genommen diese Bekämpfung der Präexistenzlehre erst durch die Aufnahme des Aristotelismus in die christliche Theologie.

Nun aber entsteht hier eine bedeutungsvolle Frage, eine Frage, für deren Beantwortung ein wenig schon die Elemente in den Vorträgen, die ich hier in den letzten Wochen gehalten habe, vorhanden sind. Wenn Sie sich an manches erinnern, was ich da in den letzten Wochen gesagt habe, so werden Sie sich sagen: In einem gewissen Sinne – so habe ich es immer betont – ist ja der Materialismus des 19. Jahrhunderts nicht ganz unbegründet gewesen. Warum? Weil dasjenige, was uns im Menschen zum Beispiel entgegentritt, insofern der Mensch ein physisch-materiell organisiertes Wesen ist, Abbild ist der geistigen Entwicklung seit dem letzten Tode. Das ist in der Tat nicht das rein Geistig-Seelische, es ist das Physisch-Seelische, es ist Abbild, was sich da entwickelt zwischen Geburt und Tod. Aus dem, was da der Mensch durchlebt zwischen Geburt und Tod, ist in der Tat niemals eine Möglichkeit zu gewinnen für eine wissenschaftliche Anschauung eines Postmortem-Lebens. Es gibt nichts, was einen möglichen Unsterblichkeitsbeweis liefert, wenn man bloß das Leben des Menschen zwischen der Geburt und dem Tode ins Auge faßt.

Nun faßt aber zunächst das traditionelle Christentum vom Menschen nur dieses Leben zwischen der Geburt und dem Tod ins Auge, denn es läßt ja auch die Seele geschaffen werden mit der Geburt oder Konzeption. Daraus ist kein Wissen zu gewinnen über das Postmortem-Leben. Will man nicht gelten lassen das präexistente Leben, über das, wie Sie wissen, ein Wissen zu gewinnen ist, dann kann man niemals ein Wissen gewinnen über das Leben nach dem Tode. Daher also die Spaltung zwischen Wissen und Glauben mit Bezug auf die Unsterblichkeitsfrage, zum Beispiel aus dem Dogma von der Bekämpfung des vorgeburtlichen Lebens. Weil man fallenlassen wollte die Erkenntnis von dem vorgeburtlichen Leben, ergab sich die Notwendigkeit, eine besondere Glaubensgewißheit zu statuieren. Denn will man dann, wenn man das vorgeburtliche Leben bekämpft, noch von einem Leben nach dem Tode sprechen, dann kann man nicht von einer wissenschaftlichen Erkenntnis darüber sprechen.

Sie sehen, wie systematisch geordnet, möchte ich sagen, dieses Dogmengefüge ist. Es handelt sich darum, innerhalb der Menschheit Finsternis zu verbreiten über die geistige Wissenschaft. Wie kann man das? Man bekämpft auf der einen Seite die Präexistenzlehre; dann gibt es kein Wissen über das nachtodliche Leben, dann muß das nachtodliche Leben von dem Menschen auf Grundlage der Dogmatik geglaubt werden. Man erkämpft sich den Glauben an die Dogmatik, indem man bekämpft die Erkenntnis des vorgeburtlichen Lebens.

Oh, es ist außerordentlich viel Systematik darinnen, wie die Dogmatik seit dem 4. nachchristlichen Jahrhundert sich entwickelt hat, wie sich aus dieser Dogmatik restlos die modernen wissenschaftlichen Anschauungen herausentwickelt haben. Denn sie sind alle ihrem Ursprunge nach darinnen nachzuweisen, nur angewendet auf die äußere Naturbeobachtung, und es ist nachzuweisen, wie dadurch vorbereitet worden ist des Menschen Sich-Anhängen an ein bloßes Glauben. Weil der Mensch natürlich etwas über die Unsterblichkeit will, nimmt man ihm das Wissen, und das hat man ihm genommen: dann ist er für den dogmatischen Glauben zugänglich, dann kann der dogmatische Glaube sich seine Herrschaftsbereiche aussuchen.

Das ist zugleich eine soziale Frage, das ist eine Frage der menschheitlichen Entwicklung, das ist eine Frage, der heute mit voller Klarheit ins Auge geschaut werden muß. Und diese Frage entscheidet erstens über den Wert der gegenwärtigen

Kultur, namentlich aber auch über den Wert des gegenwärtigen Wissenschaftsgeistes, und dann über die Aussichten der Menschheit, wiederum zu Aufgangskräften, zu Aufsteigekräften zu kommen.

Über die wirkliche Grundlage der intentionalen Beziehung

1917

Mit der in der vorliegenden Schrift (3. Kapitel über *Franz Brentano*) charakterisierten «intentionalen Beziehung» tritt in Brentanos Psychologie ein Seelisches *nur als Tatbestand* des gewöhnlichen Bewußtseins auf, ohne daß dieser Tatbestand weiter in das seelische Erleben erklärend eingegliedert wird. Ich möchte mir nun hier gestatten, über diesen Tatbestand einiges skizzenhaft vorzubringen, das bei mir in durchgearbeiteten Anschauungen nach den verschiedensten Richtungen hin begründet ist. Diese Anschauungen verlangen allerdings, daß sie auch noch in ausführlicherer Gestalt – mit allen Begründungen – gegeben werden. Doch haben mir die Verhältnisse bisher nur möglich gemacht, manches Einschlägige in mündlichen Vorträgen vorzubringen. Was ich hier anführen kann, sind *Ergebnisse* in kurzer skizzenhafter Darstellung. Und ich bitte den Leser, sie vorläufig *als solche* aufzunehmen. Es handelt sich nicht um «Einfälle», sondern um etwas, dessen Begründung mit den wissenschaftlichen Mitteln der Gegenwart von mir in jahrelanger Arbeit versucht worden ist.

Bei demjenigen Seelen-Erleben, das von Franz Brentano als *Urteilen* bezeichnet wird, kommt zu dem bloßen Vorstellen, das in einem inneren Bildgestalten besteht, ein Anerkennen oder Verwerfen der Vorstellungsbilder hinzu. Es entsteht für den Seelenforscher die Frage: Was ist im seelischen Erleben dasjenige, wodurch nicht bloß das Vorstellungsbild: «grüner Baum», sondern das Urteil: «es ist ein grüner Baum» zustande kommt?

Innerhalb des engeren Kreises des Vorstellungslebens, den man im gewöhnlichen Bewußtsein umschreibt, kann dieses «Etwas» nicht liegen. Daß man es hier nicht finden kann, hat zu denjenigen erkenntnistheoretischen Gedanken geführt, welche ich im zweiten Bande meiner *Rätsel der Philosophie* in dem Abschnitt: «Die Welt als Illusion» dargestellt habe. Es handelt sich dabei um ein Erlebnis, das außerhalb dieses Kreises liegt. Es kommt darauf an, das «Wo» im Bereich der seelischen Erlebnisse zu finden. – Steht der Mensch in wahrnehmender Tätigkeit einem Sinnesobjekt gegenüber, so kann dieses «Etwas» in alledem nicht gefunden werden, was der Mensch in dem Wahrnehmungsvorgange so empfängt, daß dieses Empfangen durch die physiologischen und psychologischen Vorstellungen erfaßt wird, welche sich auf das äußere Objekt einerseits und den unmittelbar in Betracht kommenden Sinn anderseits beziehen. Hat jemand die Seh-Wahrnehmung »grüner Baum», so kann der Tatbestand des Urteiles: «es ist ein grüner Baum» nicht in der physiologisch oder psychologisch unmittelbar aufzeigbaren Beziehung zwischen «Baum» und «Auge» gefunden werden. Was in der Seele als solcher innerer Tatbestand des *Urteilens* erlebt wird, ist eben noch eine andere Beziehung zwischen dem «Menschen» und dem «Baum», als diejenige ist zwischen dem «Baum» und dem «Auge». Doch wird nur die letztere Beziehung in dem gewöhnlichen Bewußtsein mit voller Schärfe erlebt. Die andere Beziehung bleibt in einem dumpfen Unterbewußtsein und tritt nur in dem *Ergebnis* zutage, das in der *Anerkennung* des «grünen Baumes» als eines Seienden liegt. Man hat es bei jeder Wahrnehmung, die auf ein Urteil sich zuspitzt, mit einer *Doppelbeziehung* des Menschen zu der Objektivität zu tun. – Einsicht in diese Doppelbeziehung gewinnt man nur, wenn man die gegenwärtig vorhandene fragmentarische Sinnes-Lehre durch eine vollständige ersetzt. Wer alles in Betracht zieht, was zur Charakteristik eines menschlichen Sinnes in Betracht kommt, der findet, daß man noch anderes «Sinne» nennen muß, als was man gewöhnlich so bezeichnet. Was das «Auge» zum «Sinn» macht, ist zum Beispiel auch dann vorhanden, wenn man den Tatbestand erlebt: «es wird ein *anderes* ‹Ich› beobachtet», oder «es wird ein menschlicher Gedanke eines anderen als solcher erkannt». Man macht gegenüber solchen Tatbeständen gewöhnlich den Fehler, daß man eine durchaus berechtigte und notwendige Unterscheidung nicht vollzieht. Man glaubt zum Beispiel, man käme damit aus, wenn man die Worte eines anderen hört, nur insoferne von «Sinn» zu sprechen, daß als solcher nur das «Gehör» in Frage kommt und alles andere einer nicht-sinnlichen inneren Tätigkeit zuzuschreiben sei. So liegt aber die Sache nicht. Beim Hören menschlicher Worte und deren Verstehen als Gedanken kommt eine dreifache Tätigkeit in Betracht. Und jedes Glied dieser dreifachen Tätigkeit muß für sich betrachtet werden, wenn eine berechtigte wissenschaftliche Auffassung zustande kommen soll. Das «Hören» ist die eine Tätigkeit. Allein das «Hören» ist für sich ebensowenig ein «Vernehmen von Worten» wie das «Tasten» ein «Sehen» ist. Und wie man sachgemäß unterscheiden muß zwischen dem Sinn des «Tastens» und demjenigen des «Sehens», so zwischen dem des «Hörens» und dem des «Vernehmens von Worten» und dem weiteren des «Erfassens von Gedanken». Es führt zu einer mangelhaften Psychologie und auch zu einer mangelhaften Erkenntnistheorie, wenn man das «Erfassen von Gedanken» nicht scharf von der Denktätigkeit absondert und den sinnes-gemäßen Charakter des ersteren nicht erkennt. Man begeht diesen Fehler nur deshalb, weil das Organ des «Vernehmens von Worten» und dasjenige des «Erfassens von Gedanken» nicht so äußerlich wahrnehmbar sind als das Ohr für das «Hören». In Wirklichkeit sind für die beiden Wahrnehmungstätigkeiten ebenso «Organe» vorhanden wie für das «Hören» das Ohr. – Führt man durch, was Physiologie und Psychologie bei einer vollständigen Betrachtung in dieser Beziehung ergeben, so gelangt man zur folgenden Anschauung über die menschliche Sinnes-Organisation. Man muß unterscheiden: den Sinn für die «Ich-Wahrnehmung» des andern Menschen; den Sinn für «Gedanken-Erfassung»; den Sinn für «Vernehmen von Worten»; den Gehörsinn; den Wärmesinn; den Sehsinn; den Geschmacksinn; den Geruchsinn; den Gleichgewichtssinn (das wahrnehmende Erleben des sich in einer gewissen Gleichgewichtslage-Befindens gegenüber der Außenwelt); den Bewegungssinn (das wahrnehmende Erleben der Ruhe und Bewegung der eigenen Glieder einerseits, oder des Ruhens oder Sich-Bewegens gegenüber der Außenwelt anderseits); den Lebenssinn (das Erleben der Verfassung im Organismus, Gefühl von dem subjektiven Sich-Befinden); den Tastsinn. Alle diese «Sinne» tragen die Merkmale in sich, wegen deren man «Auge» und «Ohr» in Wahrheit «Sinne» nennt. – Wer die Berechtigung einer solchen Unterscheidung nicht anerkennt, der gerät mit seiner Erkenntnis gegenüber der Wirklichkeit in Unordnung. Er verfällt mit seinen Vorstellungen dem Schicksal, daß sie ihn kein wahrhaft Wirkliches erleben lassen. Wer zum Beispiel das «Auge» einen «Sinn» nennt und keinen «Sinn» annimmt für das «Vernehmen von Worten», für den bleibt auch die Vorstellung, die er sich vom «Auge» bildet, ein unwirkliches Gebilde. – Ich bin der Meinung, daß Fritz Mauthner in seiner geistreichen Art – in seinen sprachkritischen Werken – nur deshalb von «Zufallssinnen» spricht, weil er bloß eine fragmentarische Sinnes-Lehre im Auge hat. Wäre dies nicht der Fall, so würde er bemerken, wie der «Sinn» sich in die «Wirklichkeit» hineinstellt. – Nun liegt, wenn der Mensch einem Sinnes-Objekte gegenübersteht, die Sache so, daß er niemals bloß durch *einen*

Sinn einen Eindruck erhält, sondern außerdem immer noch durch *wenigstens einen andern* aus der Reihe der oben angeführten. Die Beziehung zu *einem* Sinne tritt mit besonderer Schärfe in das gewöhnliche Bewußtsein; die andere bleibt *dumpfer*. Es besteht aber zwischen den Sinnen der Unterschied, daß eine Anzahl derselben die Beziehung zur Außenwelt mehr als eine äußerliche erleben läßt; die andere mehr als etwas, was mit dem Eigen-Sein in engster Verknüpfung ist. Sinne, die mit dem Eigensein in engster Verknüpfung sich befinden, sind zum Beispiel der Gleichgewichtssinn, der Bewegungssinn, der Lebenssinn, ja auch der Tastsinn. In den Wahrnehmungen solcher Sinne gegenüber der Außenwelt wird stets das eigene Sein dumpf mitempfunden. Ja, man kann sagen, es tritt eine Dumpfheit des bewußten Wahrnehmens eben deshalb ein, weil die Beziehung nach außen von dem Erleben des Eigen-Seins übertönt wird. Ereignet sich zum Beispiel, daß ein Gegenstand *gesehen* wird und zugleich der Gleichgewichtssinn einen Eindruck vermittelt, so wird scharf wahrgenommen das Gesehene. Dieses Gesehene führt zu der Vorstellung des Gegenstandes. Das Erlebnis durch den Gleichgewichtssinn bleibt als Wahrnehmung dumpf; jedoch es lebt auf in dem Urteile: «das Gesehene ist» oder «es ist das Gesehene». – Im Wirklichen stehen die Dinge nicht in abstrakten Unterschieden nebeneinander, sondern sie gehen mit ihren Merkmalen ineinander über. So kommt es, daß in der vollständigen Reihe der «Sinne» solche sind, die weniger die Beziehung zur Außenwelt, sondern mehr das Erleben des Eigen-Seins vermitteln. Diese letzteren tauchen mehr in das innere seelische Leben ein als zum Beispiel Auge und Ohr; dadurch erscheint das Ergebnis ihrer Wahrnehmungs-Vermittelung als inneres seelisches Erlebnis. Aber man sollte auch bei ihnen das eigentlich Seelische von dem Wahrnehmungselemente so unterscheiden, wie man zum Beispiel beim Gesehenen den äußeren Tatbestand von dem an ihm gemachten inneren Seelen-Erlebnisse unterscheidet. – Für denjenigen, der sich auf den anthroposophischen Gesichtspunkt stellt, darf kein Zurückschrecken bestehen vor solchen feinen Vorstellungs-Unterscheidungen, wie sie hier gemacht werden. Er muß das «Vernehmen der Worte» von dem Gehör einerseits und dieses «Vernehmen der Worte» von dem durch die eigenen Gedanken vermittelten «Verstehen der Worte» so unterscheiden können, wie das gewöhnliche Bewußtsein unterscheidet zwischen einem Baum und einem Felsblock. Würde dies mehr berücksichtigt, so würde man erkennen, daß die Anthroposophie nicht nur die eine Seite hat, welche man gewöhnlich als eine mystische bezeichnet, sondern auch die andere, durch die sie nicht zu einer weniger wissenschaftlichen Forschung führt als die Naturwissenschaft, sondern zu einer mehr wissenschaftlichen, die eine feinere, methodischere Ausarbeitung des Vorstellenslebens nötig macht als selbst die gewöhnliche Philosophie. Ich glaube, daß Wilhelm Dilthey mit seinen philosophischen Forschungen auf dem Wege war zu derjenigen Sinnes-Lehre, die ich hier skizziert habe, daß er aber nicht zu einem Ziele kommen konnte, weil er nicht durchdrang bis zu einer völligen Ausarbeitung der in Frage kommenden Vorstellungen. (Vergleiche auch, was ich darüber im zweiten Bande meiner *Rätsel der Philosophie* gesagt habe; 8. Auflage, Seiten 567 – 572.)

Anthroposophie. Die Sinne des Menschen

Berlin, 23. Oktober 1909

Wir haben hier in Berlin und an andern Orten, an denen unsere Theosophische Gesellschaft verbreitet ist, in den letzten Jahren so vieles gehört aus dem Gesamtgebiete der Theosophie, das entnommen war aus sozusagen sehr hohen Regionen der hellseherischen Forschung, daß einmal das Bedürfnis entstehen mußte, oder besser gesagt, müßte, einiges zu tun für eine ernste und würdige Fundamentierung unserer geistigen Strömung. Und es wird wohl gerade die jetzige Generalversammlung, welche unsere lieben Mitglieder vereinigt nach dem siebenjährigen Bestande unserer Deutschen Sektion, ein richtiger Anlaß dazu sein, auch wieder etwas beizutragen zu einer festeren Fundamentierung, zum Schaffen einer festeren Ordnung unserer Sache. Dies soll von mir in den vier Vorträgen über Anthroposophie in diesen Tagen versucht werden.

Die Kasseler Vorträge über das Johannes-Evangelium, die Düsseldorfer Vorträge über die Hierarchien, die Basler über das Lukas-Evangelium, die Münchener über die Lehren der orientalischen Theosophie, sie alle haben uns Veranlassung gegeben, in hohe Regionen der geistigen Forschung hinaufzusteigen und herunterzuholen schwer zugängliche geistige Wahrheiten. Es war das, was uns da immer beschäftigt hat, *Theosophie*, war, zum Teil wenigstens, ein Hinaufsteigen zu hohen Gipfeln der spirituellen menschlichen Erkenntnis.

Man kann wirklich in dem, was man den zyklischen Verlauf der Ereignisse der Welt nennt – wenn man sich allmählich ein

Gefühl dafür aneignet –, mit Berechtigung etwas Tieferes sehen. Es war gerade in den Tagen unserer allerersten Generalversammlung, da wir die Deutsche Sektion zu begründen hatten, da hielt ich damals vor einem Publikum, das nur zu einem sehr geringen Teil aus Theosophen bestand, Vorträge, welche dazumal auch als ein Kapitel aus der Anthroposophie bezeichnet wurden, als das historische Kapitel der Anthroposophie. Jetzt, nach sieben Jahren, scheint wiederum die Zeit gekommen zu sein, wo sozusagen auch in dieser Beziehung ein Zyklus erfüllt ist und wo wieder gesprochen werden darf in einem umfassenderen Sinne von dem, was man unter Anthroposophie verstehen soll.

Wir wollen uns zuerst durch einen Vergleich klarmachen, was *Anthroposophie* ist. Man kann, wenn man eine Gegend betrachten will, alles das, was sich da ausbreitet an Dörfern, Wäldern, Auen, Straßen und so weiter, anschauen, indem man unten herumgeht von Ort zu Ort, durch Straßen und Dörfer, durch Auen und Wälder. Man wird da unten jedesmal, je nachdem man sich da oder dort befindet, immer einen kleinen, einen ganz geringen Teil des ganzen Gebietes vor Augen haben. Man kann aber auch hinaufsteigen auf einen Bergesgipfel und kann von diesem hohen Bergesgipfel aus das ganze Land überschauen. Dann werden sich für den gewöhnlichen Blick die Einzelheiten nur sehr undeutlich ausnehmen; dafür wird man aber eine Überschau haben über das Ganze. So etwa könnte man das Verhältnis bezeichnen, welches besteht zwischen dem, was man im gewöhnlichen Leben menschliche Erkenntnis, menschliche Wissenschaft nennt, zu dem, was Theosophie ist. Das gewöhnliche menschliche Erkennen geht in der Welt der Tatsachen herum von Einzelheit zu Einzelheit. Die Theosophie steigt auf einen hohen Bergesgipfel hinauf. Dadurch wächst ihr Umkreis. Sie muß aber besondere Mittel anwenden dann, wenn sie auf den Gipfel steigt, um überhaupt noch etwas von dem Unteren zu sehen. Die Mittel, die da angewendet werden müssen, sind oft und oft beschrieben worden, auch in meiner Schrift *Wie erlangt man Erkenntnisse der höheren Welten?* Da ist gezeigt, wie es dem Menschen möglich ist, zu diesem idealen Gipfel emporzudringen, ohne daß er die Möglichkeit verliert, überhaupt noch etwas zu sehen.

Nun gibt es aber – und das kann unmittelbar hervorgehen aus diesem Vergleich – noch eine dritte Möglichkeit: Man steigt nicht ganz zum Bergesgipfel hinauf, man bleibt sozusagen in der Mitte stehen. Wenn man unten ist, so sieht man lauter Einzelheiten vor sich; man hat keinen Überblick, und man sieht das Obere von unten her. Wenn man oben ist, hat man nichts über sich außer dem göttlichen Himmel, und man sieht alles unter sich. Wenn man in der Mitte ist, hat man etwas unter sich und etwas über sich, und man kann die beiden Aussichten miteinander vergleichen.

Jeder Vergleich hinkt selbstverständlich, aber es war zunächst nur beabsichtigt, Ihnen vor Augen zu führen, wodurch Theosophie zunächst sich von Anthroposophie unterscheidet. Theosophie ist das Stehen auf dem Bergesgipfel, Anthroposophie das Stehen in der Mitte, so daß man hinauf- und hinunterschaut. Der Standort und der Gesichtspunkt ist nur ein anderer. Jetzt aber reicht der Vergleich nicht mehr aus, um das Folgende zu bezeichnen. Wenn man sich der Theosophie ergibt, so ist es notwendig, daß man über die menschliche Anschauung hinaufsteigt, daß man sich vom niederen Selbst zum höheren Selbst erhebt und daß man mit den Organen des höheren Selbst zu schauen vermag. Denn der Gipfel, von dem aus die Theosophie zu schauen vermag, liegt über dem Menschen, das gewöhnliche menschliche Erkennen hingegen liegt unterhalb des Menschen, und der Mensch selber steht mitten zwischen Natur- und Geisteswelt drinnen. Das Obere reicht in ihn hinein, denn er ist durchsetzt, erfüllt vom Geiste. Er kann den Geist über sich sehen; er nimmt aber nicht seinen Ausgangspunkt vom Geiste, vom Gipfel, sondern so, daß er den Gipfel über sich hat. Zugleich aber sieht er das, was bloß Natur ist, unter sich, denn das ragt von unten in ihn hinein. Theosophie unterliegt der Gefahr, daß, wenn nicht jene Mittel angewendet werden, die zum Beispiel in meiner Schrift *Wie erlangt man Erkenntnisse der höheren Welten?* beschrieben worden sind, das Menschliche überflogen wird und daß der Mensch die Möglichkeit verliert, überhaupt noch etwas Zureichendes zu erkennen. Bei der Theosophie liegt die Gefahr nahe, zu ihren Füßen nicht mehr die Wirklichkeit zu sehen. Sie braucht die Möglichkeit selbstverständlich nicht zu verlieren, wenn jene richtigen Mittel angewendet werden zur Entwicklung derjenigen Organe, mit welchen gesehen wird durch das höhere Selbst.

Dann aber können wir sagen: Theosophie ist dasjenige, was erforscht wird, wenn der Gott im Menschen spricht. – Das ist im Grunde die wirkliche Definition der Theosophie: Laß den Gott in dir sprechen, und was er dir dann über die Welt sagt, ist Theosophie. Anthroposophie ist damit zu charakterisieren, daß man sagt: Stelle dich in die Mitte zwischen Gott und Natur, laß den Menschen in dir sprechen über das, was über dir ist und in dich hineinleuchtet, und über das, was von unten in dich hineinragt, darin hast du Anthroposophie, die Weisheit, die der Mensch spricht. – Diese Weisheit, die der Mensch spricht, wird einem aber ein wichtiger Stützpunkt und Schlüssel sein können zu dem Gesamtgebiete der Theosophie. Und Sie können, nachdem Sie einige Zeit Theosophie aufgenommen haben, kaum etwas Besseres tun, als diesen festen Stützpunkt gewinnen, indem Sie ihn wirklich suchen. Daher werde ich dafür sorgen, daß so schnell als möglich im Anschluß an diese Vorträge ein kurzer Abriß dessen, was Anthroposophie ist, zu haben sein wird.

Dasjenige, was ich hier gesagt habe, kann auch nach den verschiedensten Seiten hin geschichtlich belegt werden. Wir brauchen gar nicht weit zu gehen. Sie haben da zum Beispiel eine Wissenschaft – Sie können sich darüber aus den verschiedensten populären Handbüchern informieren –, diese Wissenschaft nennt man gewöhnlich *Anthropologie.* Sie umfaßt, so wie sie heute betrieben wird, nicht bloß den Menschen, sondern, wenn der Ausdruck richtig verstanden wird, alles das, was zum Menschen gehört, alles was man in der Natur erfahren kann, was man braucht, um den Menschen zu verstehen. Diese Wissenschaft nimmt ihren Ausgangspunkt von dem Herumwandeln unter den Dingen, sie ist selbst ganz unten. Sie geht von Einzelheit zu Einzelheit. Es ist die Forschung, die mit den Sinnen das Menschliche betrachtet mit Hilfe des Mikroskops. Diese Wissenschaft, die Anthropologie, die ja in den weitesten Kreisen heute allein als Wissenschaft vom Menschen gelten gelassen wird, sie nimmt wirklich ihren Standpunkt unterhalb der Fähigkeiten des Menschen. Sie wendet nicht alles an, was der Mensch an Fähigkeiten zur Erforschung hat. Halten Sie zusammen mit dieser Anthropologie, die sozusagen am Boden haftet, die nicht dringen kann zu irgendeiner Antwort auf die brennenden Rätselfragen des Daseins, halten Sie sie zusammen mit dem, was einem gebracht wird als Theosophie. Da wird hinaufgestiegen in die höchsten Höhen, da handelt es sich darum, eine Antwort zu finden auf die brennendsten Fragen des Daseins. Doch werden Sie die Erfahrung gemacht haben, daß die Menschen, die nicht langsam und allmählich sich in sie hineingefunden haben, die nicht die Geduld gehabt haben, mitzugehen bei alldem, was wir in den letzten Jahren sagen konnten, welche nicht Schritt für Schritt haben mitkommen können, daß die Menschen, die auf dem Standpunkt der Anthropologie stehengeblieben sind, die Theosophie als ein luftiges Gebäude empfinden, als etwas betrachten, dem aller Untergrund fehlt. Sie können nicht einsehen, wie die Seele hinaufsteigt von Stufe zu Stufe, von Inkarnation zu Inkarnation, und sie können nicht überschauen, was das Ziel alles Menschen- und Weltenwerdens ist.

So steht gleichsam auf der untersten Stufenleiter die Anthropologie, auf der obersten, wo vielen schwindet die Fähigkeit zu erkennen, die Theosophie.

Wir haben ein geschichtliches Beispiel, woran wir erkennen können, was Theosophie dann wird, wenn sie hinaufdringen will zum Gipfel und nicht in der Lage ist, mit den Mitteln hinaufzudringen, die wir angegeben finden in dem Buche *Wie erlangt man Erkenntnisse der höheren Welten?* Ein solches Beispiel haben wir an dem deutschen Theosophen Solger, der in der Zeit von 1780 bis 1819 lebte. Wir haben in seinen Anschauungen durchaus das, was dem Begriffe nach Theosophie ist. Aber mit welchen Mitteln suchte Solger hinaufzukommen in die höchsten Höhen? Mit den Begriffen der Philosophie, mit den ausgesogenen und ausgezehrten Begriffen des menschlichen Denkens! Das ist wirklich so, wie wenn jemand hinaufsteigt auf einen Gipfel, um Umschau zu halten, und sein Fernrohr vergißt und unten nichts mehr unterscheiden kann. Das Fernrohr ist in diesem Falle ein geistiges, es ist die Imagination, Inspiration und Intuition. So suchte Solger mit unzulänglichen Mitteln hinaufzusteigen auf den Gipfel.

Man hat lange gefühlt, daß die menschlichen Fähigkeiten im Laufe der Jahrhunderte immer unfähiger wurden, auf diesen Gipfel hinaufzusteigen. Im ganzen Mittelalter hat man es gefühlt und es sich eingestanden. In neuerer Zeit fühlt man es zwar auch, aber gesteht es sich nicht mehr so recht ein. Man hat lange gefühlt, daß die menschlichen Fähigkeiten einstmals hinaufsteigen konnten zu dem Gipfel, von dem aus so gesprochen werden konnte, wie tatsächlich eine alte Theosophie gesprochen hat. Eine solche alte Theosophie gab es. Dann aber sollte einmal das, was da sich offenbarte auf dem Gipfel, abgeschlossen werden. Es sollte bewahrt werden davor, daß man es mit den gewöhnlichen Mitteln der Erkenntnis in Empfang nehmen konnte. Diese alte Theosophie wurde zur *Theologie*, die die Offenbarung als abgeschlossen betrachtete. Und so steht neben der Anthropologie, die mit den gewöhnlichen Erkenntnismitteln nur von Einzelheit zu Einzelheit geht, die Theologie, die zwar hinaufsteigen und etwas wissen will von dem, was in den Höhen zu schauen ist, aber sich wiederum verläßt auf etwas, was mit gewöhnlichen Menschenmitteln zu erlangen ist, auf die historische Überlieferung nämlich, auf das, was einmal offenbart worden ist und was sich nicht immer von neuem und immer wieder von neuem der aufstrebenden Menschenseele offenbaren soll. Anthropologie und Theologie standen sich das ganze Mittelalter hindurch gegenüber, ohne sich abzulehnen. Auch in der neueren Zeit stehen sie sich gegenüber, nur in einer anderen Form. Die neuere Zeit lehnt vom Standpunkt der Anthropologie die Theologie als etwas Wissenschaftliches in der Regel schroff ab. Wenn Sie nicht stehenbleiben bei den Einzelheiten, sondern hinaufgehen, hinaufsteigen bis zu jener Ihnen charakterisierten Mitte, dann können Sie neben die Theosophie die Anthroposophie stellen, ähnlich wie im Mittelalter neben die Theologie die Anthropologie.

Auch Anthroposophie zu begründen wurde schon versucht innerhalb des neuzeitlichen Geisteslebens, aber wiederum mit völlig unzulänglichen Mitteln, nämlich bloß mit den Mitteln der abstrakten, ausgesogenen Begriffe der Philosophie. Wenn man verstehen will, um was es sich dabei handelt, so muß man erst verstehen, was überhaupt *Philosophie* ist. Was Philosophie eigentlich ist, können heute im Grunde nur die Theosophen verstehen, nicht aber können es die Philosophen selber verstehen. Was ist Philosophie? Man kann sie nur verstehen, wenn man sie zunächst geschichtlich betrachtet in ihrem Werdegang. Ein Beispiel soll dies erläutern. Es gab in alten Zeiten die sogenannten Mysterien als Pflegestätten des höheren geistigen Lebens. Da konnten die Schüler durch Entwicklung ihrer Fähigkeiten zu geistigem Anschauen geführt werden. Ein solches Mysterium war zum Beispiel in Ephesus, wo die Geheimnisse der Diana von Ephesus erkundet wurden. Da schauten die Schüler hinein in die geistigen Welten. So viel nun von dem dort Aufgenommenen öffentlich mitgeteilt werden konnte, wurde tatsächlich auch mitgeteilt. Dann empfingen es die andern als etwas in den Mysterien Geschautes, als etwas ihnen Mitgeteiltes, als Gabe. Es gab da Menschen, welche sich bewußt waren, daß sie mitgeteilt erhalten hatten aus den Mysterien heraus die höheren Geheimnisse. Ein solcher Mann war zum Beispiel der große Weise Heraklit. Zu ihm waren insbesondere gedrungen die Geheimnisse des Mysteriums von Ephesus, die Tatsachen, welche dort die hellsichtigen Menschen ergründen konnten. Das, was er dort als Mitteilung erhalten hatte und was er seiner teilweisen Einweihung verdankte, hat er so verkündet, daß es allgemein verstanden werden konnte. Daher sieht der, welcher die Lehren des Heraklit, des sogenannten «Dunklen», liest, daß da etwas Tieferes zugrunde liegt, so daß man in diesen ursprünglichen Lehren noch durchscheinen sehen kann das unmittelbare Erlebnis, die Erfahrung der höheren Welten. Dann kamen die Nachfolger Heraklits. Sie hatten keine Ahnung mehr, daß dieses Mitgeteilte herausstammte aus den unmittelbaren Erlebnissen der höheren Welten. Sie fingen an, mit dem Verstande zu spekulieren, sie glaubten, mit ihrem bloßen philosophischen Verstande da und dort etwas Unrichtiges zu finden, und besserten daran herum. Das wurde so in Begriffen fortgesponnen und vererbte sich von Geschlecht zu Geschlecht weiter. Und wenn wir heute irgend etwas von Philosophie vor uns haben, so haben wir nichts anderes vor uns als ein Erbstück alter Lehren, aus dem das Leben herausgeblasen, herausgepreßt ist und von dem nur das tote Begriffsgerippe übriggeblieben ist. Die Philosophen sind sich nicht bewußt, woher die Begriffe stammen. Philosophien sind Abstraktionen, Erbstücke der alten Weisheit, die bis zum ausgepreßten Begriff gekommen sind. Es gibt keinen Philosophen, der irgend etwas aus sich selber ausdenken kann. Dazu gehört der Gang in die höheren Welten hinauf.

Solche Philosophien, solche ausgepreßten Begriffe standen im Grunde genommen eben den Philosophen des 19. Jahrhunderts zur Verfügung, wenn sie das in Angriff nahmen, was man Anthroposophie nennen kann. Das Wort ist schon einmal gebraucht worden. Robert Zimmermann hat eine Anthroposophie geschrieben, aber er unternahm sie mit höchst unzulänglichen Mitteln, wie Solger die Theosophie. Er hat sie herausgesponnen mit den ausgesogensten, abstraktesten Begriffen, und dieses Gespinst war dann seine Anthroposophie. Man hat da wirklich das abstrakteste, trockenste, die Sache gar nicht mehr berührende Begriffsgespinst. Das ist überhaupt das Charakteristische, daß, was im 19. Jahrhundert über das äußere, einzelne Erlebnis, über die Anthropologie hinausgehen und Anthroposophie sein wollte, trockenes Begriffsgespinst geworden ist.

Theosophie muß wiederum dadurch, daß sie die Mittel herbeischafft, die Wirklichkeit innerhalb des geistigen Lebens zu erkennen, auch vertiefen die Menschheitserkenntnis, die man Anthroposophie nennen kann. Die Anthroposophie ist eine geistige Erkenntnis der Welt, die sich rein auf den mittleren, menschlichen Standpunkt stellt und nicht auf den untermenschlichen wie etwa die Anthropologie. Die Theosophie

Solgers steht auf einem übermenschlichen Standpunkt, hat aber keinen Inhalt. Die Begriffe sollen dort oben nur die Menschheit überfliegen. Weil solche Leute aus ihrer Welt heraus oben nichts sehen können, so spinnen sie fein an dem Webstuhl der Begriffe. So an dem Webstuhl der Begriffe spinnen wollen wir nicht. Wir wollen auf die Wirklichkeit gehen. Und Sie werden sehen, daß uns die Wirklichkeit des gesamten menschlichen Lebens entgegentreten wird. Sie werden die alten Freunde, die alten Objekte unserer Betrachtungen wiedererkennen, aber von einem anderen Gesichtspunkt aus beleuchtet, nämlich von dem Gesichtspunkt, der zugleich hinauf- und hinunterschaut.

Der Mensch ist wirklich das wichtigste Objekt unserer Betrachtung. Schon wenn wir auf das erste Glied des menschlichen Wesens, den physischen Leib, eingehen, wenn wir darüber nachdenken, was wir durch die Theosophie gewonnen haben und näher darauf eingehen, dann werden wir gewahr, was für ein kompliziertes Gebilde dieser physische Leib eigentlich ist. Damit Sie sich zunächst wenigstens eine gefühlsmäßige Erkenntnis dessen verschaffen, was Anthroposophie eigentlich will, so denken Sie einmal über folgendes nach: Das, was wir heute den physischen Menschenleib nennen, ist sozusagen ein altes Produkt. Wir wissen, daß er der ersten Anlage nach auf dem alten Saturn entstanden ist und sich verändert hat auf der alten Sonne, auf dem alten Monde und auf der Erde. Der Ätherleib ist hinzugekommen auf der Sonne, der astralische Leib auf dem Monde. Immer haben sich diese Glieder der menschlichen Wesenheit im Verlauf der Entwicklung geändert. Was uns heute entgegentritt als der komplizierte Menschenleib mit Herz und Nieren, Augen und Ohren und so weiter, das ist das Produkt einer langen Entwicklung. Alles ist entstanden aus einer Form, die auf dem alten Saturn in höchst einfacher Gestalt im Keime vorhanden war. Das hat sich durch Jahrmillionen immer wieder verändert und verwandelt, so daß es endlich zur heutigen Vollkommenheit und Kompliziertheit aufsteigen konnte. Betrachten Sie heute irgendein Glied dieses physischen Leibes, das Herz oder die Lunge, so können Sie es nicht verstehen, wenn Sie nicht jenen tieferen Einblick haben, wie diese Glieder entstanden sind und sich gebildet haben. Von dem, was heute die Form des Herzens, die Form der Lunge ist, war auf dem alten Saturn natürlich noch nichts vorhanden. Ganz nach und nach haben diese Organe ihre heutige Form angenommen. Eines hat sich früher, das andere später gebildet und ist dem physischen Leibe eingegliedert worden. Ein Organ können wir geradezu ansprechen als ein Sonnenorgan, weil es sich während des alten Sonnenzustandes zuerst angegliedert und gezeigt hat. Ein anderes können wir ansprechen als Mondenorgan und so weiter. So können wir uns die Begriffe holen aus dem Weltenall, aus der Betrachtung der ganzen Welt, wenn wir verstehen wollen, wie dieses komplizierte Gebilde, der physische Menschenleib, eigentlich entstanden ist und was er heute bedeutet.

Das ist eine theosophische Betrachtung des Menschen. Was ist dagegen die anthropologische Betrachtung des Menschen? Wenn man ihn anthropologisch betrachtet, so nimmt man das Herz und betrachtet es für sich, den Magen und betrachtet ihn für sich. Man untersucht sie in ihrem Nebeneinander, als ob es gleichgültig wäre, welches Organ jünger und welches älter ist. Darauf nimmt man keine Rücksicht, da wird alles als Einzelheit nebeneinandergestellt. Theosophie geht auf die höchsten Höhen hinauf und erklärt aus dem Geistigen alles einzelne. Anthropologie bleibt ganz unten stehen, geht aus von dem einzelnen und ist heute bei dem äußersten Extrem angekommen: sie betrachtet die einzelnen Zellen in ihrem Nebeneinander, als ob es gleichgültig wäre, daß ein Zellenkomplex zur alten Mondenzeit, ein anderer auf der alten Sonne entstanden ist.

Die einzelnen Zellenkomplexe sind wirklich zu verschiedenen Zeiten entstanden. Man kann äußerlich die Einzelheiten anführen, aber man wird sie nicht verstehen, wenn man sie nicht vom geistigen Gesichtspunkt aus betrachtet. So wandelt Anthropologie ganz unten herum, und Theosophie nimmt den höchsten Gipfel ein.

Nun denken Sie, daß sich die Sache noch mehr kompliziert. Das menschliche Herz zählt zu den Organen, die zu den allerältesten gehören, wenigstens in der Keimanlage. So wie es heute aussieht, hat es sich freilich erst in späterer Zeit ausgebildet. Und nun betrachten wir die alte Sonnenzeit. Da war zum Beispiel diese Keimanlage des menschlichen Herzens abhängig von den Kräften, die auf der alten Sonne herrschten. Dann ging die Entwicklung weiter. In der ersten Periode der Mondenzeit war der alte Mond mit der Sonne vereinigt, da machte das Herz wieder eine Entwicklung durch. Da trat aber das große Ereignis ein, daß die Sonne sich trennte. Sie wirkte nun von außen, so daß von da ab das Herz eine ganz andere Entwicklung durchmachte. Die Entwicklung verlief von jener Zeit ab so, daß ein Sonnen- und ein Mondenanteil da war, und man kann das Herz nur verstehen, wenn man unterscheiden kann den Sonnen- und den Mondenanteil. Dann vereinigte sich die Sonne wieder mit dem Monde. Während der Erdenentwicklung trat die Sonne zuerst wiederum heraus und wirkte von außen schärfer auf die Entwicklung ein. Dann trat die Mondentrennung ein, und der Mond wirkte von außen, so daß wir eine neue Phase in der Entwicklung dieses alten Organs haben.

So sehen wir hineinscheinen in den menschlichen physischen Leib die verschiedensten Kräfte von den verschiedensten Standpunkten aus. Weil das Herz zu den ältesten Organen gehört, so haben wir da wirklich einen Sonnenanteil, einen Mondenanteil, einen zweiten Sonnenanteil und einen zweiten Mondenanteil und dann noch extra einen Erdenanteil nach der Herausgliederung der Erde. Wenn alle diese Anteile an einem Organ oder an dem menschlichen physischen Leib so zusammenstimmen, wie sie in der Harmonie des Kosmos zusammenstimmen, dann ist Gesundheit beim Menschen vorhanden. Sobald einer der Anteile überwiegt, sagen wir zum Beispiel, es werde der Sonnenanteil zu groß gegenüber dem Mondenanteil in bezug auf das Herz, dann wird das Herz krank. Und Sie verstehen diese Krankheit, wenn Sie wissen, wie durch irgendwelche Umstände der Mondenanteil sozusagen ins Hintertreffen gekommen ist. Alle Krankheit der Menschen beruht darauf, daß diese verschiedenen Anteile in Unordnung kommen, unregelmäßig geworden sind. Alle Heilung bestände darin, daß die Harmonie wieder hervorgebracht werde. Aber nur sprechen davon genügt nicht, man muß diese Harmonie wirklich kennen, man muß wirklich in die Weisheit der Welt hineinsteigen, um an jedem Organ die verschiedenen Anteile finden zu können.

So ist der physische Leib ein ungeheuer kompliziertes Gebilde. Das können Sie schon ahnen aus dem, was wir bisher betrachtet haben. Sie können ahnen, was eine wirklich okkulte Physiologie und Anatomie ist, die mit allen diesen Faktoren rechnen muß und welche den Menschen aus dem ganzen Kosmos heraus begreift. Sie spricht vom Sonnen- und Mondenanteil im Herzen, Kehlkopf, Gehirn und so weiter. Da aber alle diese Anteile im Menschen selber wirken, so wie der Mensch heute vor uns steht, so ist er sozusagen das verfestigte, kristallisierte Produkt all der Vorgänge, die geschehen sind vom Saturn aus auf Sonne, Mond und Erde. So steht im Menschen etwas vor uns, worin verfestigt sind alle diese Anteile.

Sieht man nun nicht hinaus in die Welt, sondern in den Menschen selber hinein und versteht die einzelnen Organe, den physischen Leib, Ätherleib, astralischen Leib, Empfindungsseele, Verstandesseele, Bewußtseinsseele, so wie der Mensch heute ist, so ist das Anthroposophie. Wir werden auch bei der Anthroposophie auszugehen haben von dem Untersten, um allmählich zum Höchsten aufzusteigen. Das Unterste für den Menschen ist die sinnlich-physische Welt, das, was durch die Sinne und den sinnlich-physischen Verstand gegeben ist. Sie betrachten wir in der Theosophie, ausgehend vom Weltganzen, in den kosmischen Zusammenhängen mit den sinnlich-physischen, den äußeren Erscheinungen. Das ist theosophische Betrachtungsweise. Anthroposophische Betrachtung muß in bezug auf die sinnlich-physische Welt vom Menschen ausgehen, muß das betrachten an dem Menschen, was an ihm sinnlich-physisch ist. Sie muß ausgehen vom Menschen und ihn betrachten, insofern er ein Sinneswesen ist. Das wird das erste sein. Dann werden wir den menschlichen Ätherleib zu betrachten haben, dann den astralischen Leib und das Ich, das, was an ihm selber zu finden ist.

Was muß uns insbesondere interessieren, wenn die physisch-sinnliche Welt in Betracht kommt? Was am Menschen selber ist. Das sind zunächst die *Sinne*, denn sie sind es eigentlich, durch welche er Erkenntnis erhält von der physisch-sinnlichen Welt. Man muß zunächst von den menschlichen Sinnen, wenn man vom physischen Plane ausgeht, in der Anthroposophie sprechen, denn sie sind das, wodurch der Mensch überhaupt etwas weiß von der physisch-sinnlichen Welt. Und wir werden sehen, wie wichtig es ist, um wirklich den Menschen zu erkennen, von der Betrachtung seiner Sinne auszugehen. Das sei also unser erstes Kapitel. Dann werden wir aufsteigen zur Betrachtung der einzelnen geistigen Gebiete in der menschlichen Natur.

Wenn man nun die menschlichen Sinne betrachtet, dann kommt man als Anthroposoph schon ins Gehege mit der Anthropologie, denn Anthroposophie muß immer ausgehen von dem, was sinnlich wirklich ist, aber sie muß sich klar sein, daß der Geist von oben hereinwirkt. Die Anthropologie geht nur ein auf das, was sie unten erforschen kann, und wirft alles durcheinander. Gerade in dem Kapitel über die menschlichen Sinne ist alles in der äußeren Anthropologie durcheinandergeworfen, und wichtige Dinge sind gerade außer Betracht gelassen, weil die Menschen keinen Leitfaden haben, um die entsprechenden Tatsachen wirklich und richtig zu finden. Wenn der Faden fehlt, der durch das Labyrinth der Tatsachen führen soll, dann ist es nicht möglich, aus diesem Labyrinth herauszukommen. Den Fadenknäuel, der in der Sage den Theseus aus dem Labyrinth des Minotaurus führt, den muß die geistige Forschung spinnen. Die gewöhnliche Anthropologie bleibt drinnen in dem Labyrinth und fällt dem Minotaurus zum Opfer. So werden wir sehen, daß Anthroposophie allerdings über die Sinne etwas anderes zu sagen hat als die gewöhnliche äußere Betrachtung.

Aber es ist auch interessant zu sehen, wie die heutige Wissenschaft schon durch die äußeren Tatsachen gezwungen wird, ein wenig gründlicher und ernster die Dinge zu betrachten, als dies früher geschehen ist. Das Trivialste ist ja immer, daß man spricht von den fünf menschlichen Sinnen: Tastsinn, Geruchs-, Geschmacks-, Gehör- und Gesichtssinn. Wir werden sehen, daß bei dieser ganzen Aufzählung der fünf Sinne wirklich schon alles drunter und drüber geworfen ist. Zu diesen Sinnen hat die heutige Wissenschaft allerdings schon drei andere Sinne hinzugefügt, mit denen sie freilich nichts Rechtes anzufangen weiß. Heute werden wir die allerersten Fundamente legen zu einer *anthroposophischen Sinneslehre*. Wir werden die Sinne aufzählen, insofern sie anhand des oben besprochenen Fadens wirklich Bedeutung haben.

Der erste Sinn des Menschen, der in Betracht kommt, ist derjenige, den man in der Geisteswissenschaft nennen kann den *Lebenssinn.* Das ist ein wirklicher Sinn, und ebenso wie man vom Gesichtssinn spricht, hat man vom Lebenssinn zu sprechen. Was ist der Lebenssinn? Er ist etwas im Menschen, was er eigentlich, wenn alles in Ordnung ist, nicht fühlt, sondern nur dann fühlt, wenn etwas in ihm nicht in Ordnung ist. Der Mensch fühlt Mattigkeit, die er wahrnimmt als ein inneres Erlebnis, wie er eine Farbe wahrnimmt. Und das, was im Hunger- oder Durstgefühl zum Ausdruck kommt oder was man ein besonderes Kraftgefühl nennen kann, das müssen Sie auch innerlich wahrnehmen wie eine Farbe oder einen Ton. Man nimmt dies in der Regel nur wahr, wenn irgend etwas nicht in Ordnung ist. Die erste menschliche Eigenwahrnehmung wird durch den Lebenssinn gegeben, durch den der Mensch als ein Ganzes sich seiner Körperlichkeit nach bewußt wird. Das ist der erste wirkliche Sinn, und er muß ebenso berücksichtigt werden wie der Gesichts- oder Gehörsinn oder der Geruchssinn. Niemand kann die Sinne verstehen, der nicht weiß, daß es eine Möglichkeit gibt, sich als ein Ganzes innerlich zu fühlen, sich als einer innerlich geschlossenen, körperlichen Gesamtheit bewußt zu werden.

Das zweite, was als ein Sinn von diesem Lebenssinn wieder ganz verschieden ist, das ist das, was Sie herausfinden können, wenn Sie irgendeines Ihrer Glieder bewegen. Sie bewegen Ihren Arm oder Ihr Bein. Sie würden kein menschliches Wesen sein, wenn Sie nicht Ihre eigenen Bewegungen wahrnehmen könnten. Eine Maschine nimmt ihre Eigenbewegung nicht wahr, das kann nur ein lebendiges Wesen, vermöge eines wirklichen Sinnes. Der Sinn dafür, was wir in uns selber bewegen, vom Augenzwinkern bis zur Bewegung der Beine, ist ein wirklicher zweiter Sinn, der *Eigenbewegungssinn.*

Ein dritter Sinn wird uns bewußt werden, wenn wir daran denken, daß der Mensch unterscheidet zwischen oben und unten. Wenn er solches nicht mehr wahrnehmen kann, so ist das für ihn sehr gefährlich, er kann sich dann nicht mehr halten und sinkt um. Wir können hinweisen auf ein Organ, das viel mit diesem Sinn zu tun hat, nämlich auf die drei halb zirkelförmigen Kanäle im Ohr. Bei Verletzung dieses Organs verliert der Mensch seinen Orientierungssinn. Auch im Tierreich läßt sich dieser Sinn verfolgen. Da zeigt er sich als gewisse Gleichgewichtsorgane. Wenn da gewisse kleine, steinchenförmige Gebilde, die sogenannten Otolithen, in gewisser Weise an einem bestimmten Orte liegen, so haben wir die Gleichgewichtslage, im andern Falle nur ein Taumeln. Das ist der *Gleichgewichts-* oder der *statische Sinn.*

Mit diesen Sinnen, die wir bis jetzt aufgezählt haben, nimmt der Mensch etwas in sich selber wahr, fühlt etwas in sich selber. Jetzt treten wir heraus aus dem Menschen, wo er in Wechselwirkung zu treten beginnt mit der äußeren Welt. Das erste Wechselverhältnis mit der Welt ist dasjenige, wo der Mensch den Stoff mit sich vereinigt und diesen Stoff wahrnimmt. Dies kann man nur dann, wenn sich wirklich dieser Stoff mit dem menschlichen Leibe vereinigen läßt. Dies trifft nur für gasförmige Stoffe zu. Durch die Organe des *Geruchssinnes* werden solche aufgenommen. Da beginnt zuerst der Verkehr mit der Außenwelt. Ohne daß ein Körper gasförmige Stoffe aussendet, kann er nicht gerochen werden. Die Rose muß gasförmigen Stoff aussenden, damit sie gerochen werden kann. Der vierte Sinn ist also der Geruchssinn.

Der fünfte Sinn entsteht dann, wenn der Mensch nicht mehr bloß wahrnimmt die Stofflichkeit, sondern schon den ersten Schritt macht in die Stofflichkeit hinein, also in ein tieferes Verhältnis tritt zum Stoffe. Da muß der Stoff schon irgendeine Wirkung in ihm ausüben. Das ist dann der Fall, wenn ein wäßriger Körper an unsere Geschmacksorgane gelangt. Da nimmt man nicht direkt die Stofflichkeit wahr, sondern der Körper muß zuerst aufgelöst werden durch die Flüssigkeit des Mundes. Hier kann bloß ein Wechselverhältnis wahrgenommen werden zwischen der Zunge und dem Körper. Es sagen uns die Dinge nicht nur, was sie sind als Stoff, sondern was sie bewirken können. Das Wechselverhältnis zwischen Mensch und Natur ist ein intimeres geworden. Das ist der fünfte Sinn, der *Geschmackssinn.*

Der sechste Sinn ist der, wo das, was der Mensch an den Dingen wahrnimmt, noch intimer das Wesen der Dinge kundgibt. Die Dinge sagen hier dem Menschen mehr, als sie ihm bloß durch den Geschmackssinn sagen. Das geschieht nun so, daß besondere Vorkehrungen getroffen sind, damit die Dinge sich dem Menschen in ganz gewisser Weise ankündigen können. Beim Geruch nimmt der menschliche Leib die Dinge so, wie sie sind. Der Geschmackssinn ist schon komplizierter, dafür geben die Dinge hier schon etwas mehr von ihrer Innerlichkeit kund. Beim sechsten Sinn aber können wir unterscheiden, ob etwas Licht durchläßt oder nicht. Daß es in einer bestimmten Weise Licht durchläßt, zeigt sich darin, ob und wie es gefärbt ist. Ein Ding, welches das grüne Licht durchstrahlen läßt, zeigt damit, daß es eben gerade innerlich so ist, daß es dieses Licht durchstrahlen lassen kann. Während die äußerste Oberfläche im Geruchssinne sich offenbart, wird schon etwas von der inneren Natur eines Dinges uns durch den Geschmackssinn bekannt; im *Gesichtssinn* hingegen wird etwas offenbar von dem Durch und Durch der Dinge. Dies ist das Wesen des sechsten Sinnes, des Gesichtssinnes. Das Auge ist deshalb ein so wunderbares Organ, weil es viel tiefer in die Natur der Dinge einzudringen gestattet als die eben besprochenen Sinnesorgane. Beim Gesichtssinn haben wir etwas sehr Eigentümliches. Wenn wir mit dem Auge zum

Beispiel die Rose rot sehen, so kündigt sich ihr Inneres durch die Oberfläche an. Wir sehen nur die Oberfläche, und weil sie bedingt ist durch das Innere, lernen wir durch sie dieses Innere bis zu einem gewissen Grade kennen.

Greifen wir ein Stück Eis oder ein Stück heißen Stahl mit der Hand an, so dringen wir noch tiefer in das Innere einer Sache ein. Bei der Farbe haben wir bloß das, was sich an der Oberfläche abspielt. Eis hingegen ist durch und durch kalt, und auch beim heißen Stahl geht die Wärme durch den ganzen Körper. Bei Wärme und Kälte haben wir also eine noch intimere Bekanntschaft mit der Natur der Dinge als beim Gesichtssinn, der uns nur über die Oberflächenbeschaffenheit aufklärt. Der *Wärmesinn* greift intimer in die Untergründe der Dinge. Solches wäre der Wärmesinn oder der siebente Sinn.

Nun versuchen wir, wie die Sache sich weiter stellen wird. Kann der Mensch vermittels seiner Sinne noch tiefer in die Untergründe der Dinge gelangen? Kann er das intime Innere der Dinge noch genauer kennenlernen als durch den Wärmesinn? Ja, das kann er, indem die Dinge ihm zeigen, wie sie in ihrer Innerlichkeit sind, wenn sie zu tönen anfangen. Die Wärme ist in den Dingen ganz gleichmäßig verteilt. Was Ton in den Dingen ist, ist nicht gleichmäßig verteilt. Der Ton bringt die Innerlichkeit der Dinge zum Erzittern. Dadurch zeigt sich eine gewisse innere Beschaffenheit. Wie das Ding im Innern beweglich ist, nehmen Sie wahr durch den intimeren *Gehörsinn.* Er liefert uns eine intimere Kenntnis der Außenwelt als den Wärmesinn. Das ist der achte Sinn, der Gehörsinn. Im Ton offenbart uns ein Ding, wie es innerlich ist, wenn wir dieses Ding anschlagen. Wir unterscheiden die Dinge nach ihrer inneren Natur, nach der Art, wie sie innerlich erzittern und erbeben können, wenn wir sie zum Tönen bringen. Die Seele der Dinge spricht in gewisser Weise da zu uns.

Gibt es nun noch höhere Sinne als den Gehörsinn? Hier müssen wir noch viel behutsamer zu Werke gehen, um die höheren Sinne zu erforschen; denn wir dürfen die Sinne nicht mit etwas anderem verwechseln. Im gewöhnlichen Leben, da wo man unten stehenbleibt, wo man alles durcheinanderwirft, spricht man noch von andern Sinnen, zum Beispiel vom Nachahmungssinn, vom Verheimlichungssinn und so weiter. Da ist das Wort Sinn aber falsch angewendet. *Sinn* ist das, wodurch wir uns eine Erkenntnis verschaffen ohne Mitwirken des Verstandes. Wo wir uns durch das Urteil eine Erkenntnis verschaffen, da sprechen wir nicht von Sinn, sondern nur da, wo unsere Urteilsfähigkeit noch nicht in Kraft getreten ist. Nehmen Sie eine Farbe wahr, so gebrauchen Sie einen Sinn. Wollen Sie urteilen zwischen zwei Farben, so gebrauchen Sie keinen Sinn.

Gibt es in diesem Sinn – hier das Wort Sinn schon nicht richtig gebraucht – noch andere Sinne? Ja, es gibt noch einen neunten Sinn. Wir finden ihn, wenn wir uns überlegen, daß es allerdings im Menschen noch eine gewisse Wahrnehmungsfähigkeit gibt. Das ist ganz besonders wichtig für die Fundamentierung der Anthroposophie. Es gibt eine Wahrnehmungsfähigkeit, die nicht auf dem Urteil beruht, aber doch in ihm vorhanden ist. Es ist dasjenige, was wir wahrnehmen, wenn wir durch die Sprache uns mit unseren Mitmenschen verständigen. In dem Wahrnehmen dessen, was uns durch die Sprache gegeben ist, liegt nicht nur ein Ausdruck des Urteilens, sondern es liegt ein wirklicher *Sprachsinn* da zugrunde. Dieser Sprachsinn ist der neunte Sinn. Von ihm muß man sprechen, wie man von einem Gesichts- oder Geruchssinn spricht. Das Kind lernt sprechen, bevor es urteilen lernt. Das ganze Volk hat eine Sprache; das Urteilen obliegt dem einzelnen Menschen. Was zum Sinne spricht, unterliegt nicht der Seelentätigkeit des einzelnen Menschen. Das Hören kündet einem das innere Erzittern an.

Die Wahrnehmung, daß ein Laut dieses oder jenes bedeutet, ist nicht bloßes Hören. Der Sinn, der sich darin als Sinn der Sprache ausdrückt, gibt sich eben einem andern Sinne kund, dem Sprachsinn. Daher kann das Kind lange, bevor es urteilen lernt, sprechen oder Gesprochenes verstehen. Erst an der Sprache lernt es urteilen. Welcher Erzieher ist der Sprachsinn, geradeso wie der Gesichtssinn und der Gehörsinn solche Erzieher sind, während der ersten Lebensjahre! Man kann an dem nichts ändern, was der Sinn wahrnimmt; man kann nichts daran verderben. Das ist ebenso bei der Farbe wie beim Wahrnehmen des Innern des Sprachlautes. Der Sprachsinn ist notwendig als ein besonderer Sinn zu bezeichnen. Er ist der neunte Sinn.

Dann kommen wir zum zehnten der Sinne. Das ist derjenige, der für das gewöhnliche Menschenleben der höchste ist. Durch ihn wird der Mensch fähig, den Begriff, der sich in Sprachlaute kleidet, zu verstehen. Das ist geradeso ein Sinn wie jeder andere. Damit wir urteilen können, müssen wir Begriffe haben. Soll die Seele sich regen, so muß sie Begriffe wahrnehmen können. Dies vermag sie durch den *Begriffssinn.* So haben wir in ihm einen zehnten Sinn aufgezählt.

Aber ein Sinn ist ganz vergessen, könnten Sie sagen, der Tastsinn. Allerdings! Der Tastsinn wird gewöhnlich zusammengeworfen mit dem Wärmesinn. Daß so gesprochen werden kann, kommt von dem Durcheinanderwerfen durch diejenigen, die den geistigen Faden nicht haben. Zunächst hat der Tastsinn freilich nur als Wärmesinn Bedeutung. Als solcher Sinn ist sozusagen im groben zu bezeichnen die ganze Haut. Diese ist auch in gewisser Weise für den Tastsinn da. Doch ist, richtig betrachtet, nicht nur das ein Tasten, was wir tun, wenn wir einen Gegenstand anrühren, seine Oberfläche abfühlen; Tasten ist es auch, wenn wir mit den Augen etwas suchen. Auch Geruchssinn und Geschmackssinn können tasten. Wenn wir schnüffeln, so tasten wir mit dem Geruchssinn. Bis herauf zum Wärmesinn ist das Tasten eine gemeinschaftliche Eigenschaft der Sinne vier bis sieben. Von diesen Sinnen können wir also sprechen als von *Sinnen des Tastens.* Nur unsere grobklotzige Betrachtungsweise der Physiologie kann einem Sinn etwas zuschreiben, was einer ganzen Reihe von Sinnen zukommt, dem Geruchssinn, Geschmackssinn, Gesichtssinn und Wärmesinn. Beim Gehörsinn hört die Möglichkeit auf, ihn als Tastsinn zu bezeichnen; noch weniger ist das beim Sprachsinn und wiederum weniger beim Begriffssinn möglich. Diese Sinne werden daher bezeichnet als *Sinne des Begreifens.* Während wir beim Tastsinn etwas haben, was an der Oberfläche bleibt, was nicht in die Dinge hineindringen kann, so dringen wir beim Wärmesinn zunächst in die Dinge ein und dann immer tiefer und tiefer. Diese oberen Sinne liefern uns das Verstehen und Begreifen der Dinge in ihrem Innern, und sie werden daher als Sinne des Begreifens bezeichnet.

Sie sehen nun daraus, daß wir, bevor wir zum Geruchssinn kommen, drei andere Sinne aufzuzählen haben, die uns unterrichten über das eigene menschliche Innere. Aus ihm heraus holen sie ihre Kundschaften. Dann kommen wir zur Grenze zwischen Innen- und Außenwelt zunächst durch den Geruchssinn, und dann gelangen wir durch die höheren Sinne immer tiefer und tiefer in die Außenwelt hinein.

Liegt etwas darunter und darüber? Das, was aufgezählt worden ist, ist nur ein Ausschnitt. Darüber und darunter liegen andere Sinne. Vom Begriffssinn könnten wir aufsteigen zum ersten astralischen Sinne und würden dann kommen zu den Sinnen, die ins Geistige eindringen. Wir würden finden einen elften, zwölften und dreizehnten Sinn. Diese drei unbekannten Sinne sollen hier zunächst nur erwähnt werden. Wir werden genauer davon sprechen, wenn wir morgen oder übermorgen aus dem Physischen ins Geistige aufsteigen. Sie werden uns tiefer hineinführen in die Untergründe des geistigen Lebens, in die der Begriff nicht eindringt. Der Begriff macht Halt an einer bestimmten Stelle. Jenseits des Begriffs liegt das, was erst durch die höheren Sinne wahrgenommen werden kann. Der Geruch macht Halt vor dem eigenen Innern. Wie Sie unter dem Geruch noch drei Sinne haben, so über dem Begriff noch drei höhere Sinne, durch die wir eindringen in das Äußere der geistigen Dinge, wie mit jenen unteren Sinnen in das Äußere der physischen Dinge.

Aber heute werden wir auf dem physischen Plane bleiben. Deshalb haben wir das aufgezählt, was zum Wahrnehmen des Physischen gehört. Es war nicht unnötig, uns so auf eine Fundamentierung der Dinge einzulassen. Weil sie vergessen worden ist, ist in den Wissenschaften alles in der entsetzlichsten Weise durcheinandergeworfen worden, bis hinein in Philosophie und Erkenntnistheorie. Man spricht im allgemeinen: Was kann der Mensch erkennen durch die einzelnen Sinne? – Man kann nicht den Unterschied angeben, der zwischen Gehör- und Geruchssinn ist. Man spricht von Schallwellen geradeso wie von Lichtwellen, ohne zu berücksichtigen, daß der Gesichtssinn weniger tief in das Wesen der Dinge eindringt als der Gehörsinn, der etwas von der Seelennatur der äußeren Welt offenbart. Durch die drei noch höheren Sinne, den elften, zwölften und dreizehnten Sinn, werden wir auch in den Geist der Dinge eindringen. Jeder Sinn hat eine andere Natur und Wesenheit. Dies ist zunächst zu berücksichtigen. Daher können Sie eine große Anzahl von Ausführungen, die heute über die Natur des Gesichtssinnes und sein Verhältnis zur Umwelt namentlich die Physik bringt, von vorneherein als etwas betrachten, was niemals gerechnet hat mit der Natur der Sinne überhaupt. Unzählige Irrtümer haben sich auf diese Verkennung des Wesens der Sinne aufgebaut. Dies muß betont werden, weil dem hier Gesagten die populären Darstellungen gar nicht gerecht werden. Ja, populäre Bücher können gerade das Gegenteil davon sagen. Sie lesen dort Dinge, die von Leuten geschrieben sind, die nicht einmal eine Ahnung haben können von der inneren Natur der Sinnenwesenheit. Wir müssen uns klarmachen, daß die Wissenschaft von ihrem Standpunkt aus anders sprechen muß, daß sie dem Irrtum verfallen muß, weil die Entwicklung so war, daß das Richtige vielfach vergessen worden ist. Das ist das erste Kapitel der Anthroposophie: die wirkliche Natur und Wesenheit unserer Sinne.

Der Aufbau der Sinne aus der übersinnlichen Wesenheit des Menschen

Berlin, 25. Oktober 1909

Die menschlichen Sinne haben wir vorgestern gewissermaßen nur aufgezählt, allerdings in solcher Weise, wie sich das ergibt aus der menschlichen Wesenheit selber. Wir haben sie nicht bunt durcheinandergeworfen, wie das in der Sinnesphysiologie meist geschieht, weil da die entsprechenden Zusammenhänge nicht erkannt werden können. Wir haben sie aufgezählt und aufgereiht in einer vollständigen Weise, entsprechend der menschlichen Wesenheit. Und heute wird es uns obliegen, weil das Gebiet der menschlichen Sinne zu dem Wichtigsten gehört, das wir brauchen werden bei der genaueren Betrachtung der menschlichen Wesenheit, eben diese menschliche Sinnenwesenheit etwas eingehender noch zu betrachten.

Wir haben begonnen mit dem Sinn, den wir Lebensgefühl oder *Lebenssinn*, Vitalsinn, nannten. Wir werden uns fragen müssen: Worauf beruht eigentlich im wahren Geiste des Wortes dieser Lebenssinn? – Da müssen wir ziemlich tief hinuntersteigen in die unterbewußten Untergründe des menschlichen Organismus, wenn wir uns ein Bild von dem machen wollen, woraus das entspringt, was Lebenssinn genannt wird. Wir können hier natürlich alles nur skizzieren. Zunächst ist vorhanden ein eigenartiges Zusammenwirken des physischen Leibes mit dem Ätherleib. Diese Tatsache ergibt sich, wenn man versucht festzustellen, was dem Lebenssinn zugrunde liegt. Das unterste Glied der menschlichen Wesenheit, der physische Leib, und der Lebensleib treten in ein ganz bestimmtes Verhältnis zueinander. Das geschieht dadurch, daß im Ätherleibe etwas anderes auftritt und sich in ihn hineinsetzt, ihn sozusagen durchtränkt. Der Ätherleib wird durchzogen und durchflossen von etwas anderem. Dieses andere ist etwas, was der Mensch im Grunde genommen heute bewußterweise in sich noch gar nicht kennt. Die Geisteswissenschaft jedoch kann uns sagen, was dadrinnen im Ätherleibe wirkt und ihn durchtränkt wie Wasser einen Schwamm, bildlich gesprochen. Wenn man dies geisteswissenschaftlich untersucht, so findet man, daß es gleich ist dem, was der Mensch einstmals in ferner Zukunft als den Geistesmenschen oder das Atma entwickeln wird. Heute hat er dieses Atma noch nicht von sich selber aus in sich; es muß ihm noch aus der umliegenden geistigen Welt sozusagen erst verliehen werden. Es wird ihm verliehen, ohne daß er bewußten Anteil daran nehmen kann. Später, in einer fernen Zukunft, wird er es in sich selbst entwickelt haben. Der Geistesmensch oder Atma ist es also, was da den Ätherleib durchdringt und durchsetzt. Was tut nun dieses Atma im Ätherleib? Heute ist der Mensch noch nicht in der Lage, einen Geistesmenschen oder Atma in sich zu haben, denn in der gegenwärtigen Zeit ist dies noch eine übermenschliche Wesenheit in dem Menschen. Dieses Übermenschliche, das Atma, drückt sich dadurch aus, daß es den Ätherleib zusammenzieht, ja zusammenkrampft. Wenn wir dafür ein Bild aus der äußeren Sinneswelt gebrauchen wollen, so könnten wir es etwa vergleichen mit der frostigen Wirkung der Kälte. Was einst das höchste Glied des Menschen sein wird, wozu er heute noch nicht reif ist, das krampft ihn zusammen. Die Folge davon, daß eben der Ätherleib in sich zusammenkrampft, ist, daß der Astralleib des Menschen, das Astralische, wie ausgepreßt wird, und in dem Maße, wie der Ätherleib zusammengepreßt wird, wird auch der physische Leib gespannt. Es treten in ihm frostige Spannungen auf. Es ist also so, wie wenn Sie einen Schwamm ausdrücken. Der astralische Leib macht sich sozusagen Luft, wird herausgepreßt, herausgedrückt. Die Vorgänge im astralischen Leibe sind nun Gefühlserlebnisse, Erlebnisse der Lust und Unlust, der Freude und des Schmerzes und so weiter. Dieser Vorgang des Herausgedrücktwerdens ist es, was sich als Lebensgefühl in uns kundgibt, als Freiheitsgefühl zum Beispiel, als Kraftgefühl, als Gefühl von Mattigkeit.

Nun steigen wir ein wenig weiter hinauf. Als zweiten Sinn haben wir den *Eigenbewegungssinn* angeführt. Hier wirkt im Ätherleib des Menschen wiederum etwas, was wir heute auch noch nicht bewußt besitzen. Der Ätherleib wird nämlich durchtränkt und durchsetzt wie ein Schwamm vom Wasser, und was ihn jetzt durchsetzt und durchzieht, das ist der Lebensgeist oder die Buddhi, welche er einst entwickeln wird aus sich heraus. Heute freilich ist dies erst gleichsam vorläufig aus der geistigen Welt uns gegeben. Die Buddhi oder der Lebensgeist wirkt anders als der Geistesmensch. Er wirkt so, daß ein Gleichgewicht wie in dem in sich ruhenden Wasser im astralischen Leibe eintritt. Das Gleichgewicht im Ätherleibe und dann im physischen Leibe haben zur Folge ein Gleichmaß, ein Gleichgewicht im astralischen Leibe. Wenn dieses Gleichmaß von außen gestört wird, so sucht es sich von selber wieder auszugleichen. Führen wir eine Bewegung aus, so stellt sich das, was ins Ungleiche gekommen ist, wieder ins Gleichgewicht. Strecken wir zum Beispiel die Hand aus, so fließt ein astralischer Strom zurück in entgegengesetzter Richtung der ausgestreckten Hand, und so ist es bei allen Bewegungen in unserem Organismus. Immer wenn in einer physischen Lage eine Veränderung geschieht, so bewegt sich im Organismus in entgegengesetzter Richtung ein astralischer Strom. So ist es beim Augenzwinkern, so ist es beim Bewegen der Beine. In diesem innerlich erlebten Vorgang eines Ausgleichs im Astralleib offenbart sich der Eigenbewegungssinn.

Wir kommen nun zu einem dritten Element, das den Ätherleib des Menschen durchsetzen kann. Dieses dritte Element ist auch etwas, was der Mensch heute nur zum geringsten Teil in sein Bewußtsein gebracht hat, nämlich Manas oder Geistselbst. Es obliegt allerdings heute schon dem Menschen als seine Erkenntnisaufgabe. Deshalb wirkt es anders auf den Ätherleib als etwa der Lebensgeist. Es wirkt ausdehnend auf den Ätherleib, und die Folge davon ist, daß das Gegenteil von dem eintritt, was beim Lebenssinn als das Frostige bezeichnet worden ist. Man könnte die Wirkung von Manas auf den Ätherleib vergleichen mit dem Einströmen von Wärme in einen Raum. Etwas wie ein Wärmestrom ergießt sich beim Eintreten von Manas in den Ätherleib und dehnt ihn elastisch aus. Die Folge davon ist, daß nun auch der astralische Leib verdünnt wird, aber ohne herausgepreßt zu werden, und er kann in dem sich ausdehnenden Ätherleib drinnenbleiben. Während die Sinnesempfindung beim Lebensgefühl darauf beruht, daß der Astralleib herausgedrückt wird, entsteht das, was statischer Sinn oder *Gleichgewichtssinn* genannt worden ist, dadurch, daß der Ätherleib ausgedehnt wird und dann zugleich der astralische Leib innerlich mehr Platz bekommt. Der astralische Leib wird in sich weniger dicht, er wird dünner. Als Folge dieser Verdünnung des Astral- und Ätherleibes ist nun auch für die physische Substanz die Möglichkeit geboten, irgendwie sich zu strecken und auszudehnen. Durch die Wirkung von Atma wurde der physische Leib zusammengekrampft, durch die Wirkung von Buddhi wurde er im Gleichgewicht erhalten, durch die Wirkung von Manas aber wird der physische Leib entlastet, und da auch der Ätherleib sich ausdehnt, so kann er seine Partikelchen an gewissen Stellen hinausschieben. Durch solches Hinausschieben sind auch jene Organe, die drei kleinen halbzirkelförmigen Kanäle im Ohr entstanden, die aufeinander senkrecht stehen, entsprechend den drei Richtungen des Raumes. Es sind sozusagen Ausspreizungen der sinnlichen Materie des physischen Leibes. Derlei Organe entstehen in der verschiedensten Weise als Neubildungen, als wunderbare Gebilde, welche nicht dadurch entstehen, daß von innen her getrieben wird, sondern daß von außen her entlastet wird und der Druck aufhört. Dadurch, daß der Astralleib sich weiter ausdehnen kann, vermag er in Beziehung zur Außenwelt zu treten. Er muß sich mit dieser Außenwelt ins Gleichgewicht setzen. Geschieht das nicht, dann steht der Mensch schief, oder er fällt sogar um. Für die beiden ersten Sinne kam das nicht in Betracht, aber diesem Sinne kommt die Aufgabe zu, sich ins Gleichgewicht zu setzen. Streben wir irgendwo hinein, so müssen wir so hinein, wie wir können; zum Beispiel in den Raum müssen wir in seinen drei Richtungen hineinstreben. Daher wachsen jene drei halbzirkelförmigen Kanäle im Ohr in den drei Richtungen des Raumes senkrecht aufeinander. Werden diese Organe verletzt, so hört der statische Sinn auf zu funktionieren und der Mensch erleidet Schwindelgefühle, Ohnmachtsanfälle und dergleichen. Wo man es mit Tieren zu tun hat, liegt die Sache so, daß die Tiere zu früh in die physische Materie heruntergestiegen sind, so daß sich bei ihnen die physische Materie noch mehr verhärtet hat. Es treten geradezu Steinbildungen auf, die Otolithen. Sie lagern sich so ab, daß daran das Gleichgewicht abgemessen und empfunden werden kann.

Damit hätten wir besprochen, sozusagen von innen nach außen gehend, drei Sinne. Der letzte Sinn steht hart an der Grenze zwischen dem, was der Mensch innerlich erlebt, und dem, was er erleben muß, um sich in die Außenwelt hineingliedern zu können. In jüngster Zeit ist die äußere, an den sinnlichen Tatsachen haftende Wissenschaft sozusagen mit der Nase daraufgestoßen worden, diese drei Gebiete unserer

Sinnesorganisation endlich einmal anzuerkennen. Wir müssen dabei scharf unterscheiden, wie wir es hier immer tun, zwischen dem, was tatsächliches Ergebnis der Forschung ist, und den Meinungen, die gegenwärtig die Gelehrtengruppenseele mit ihrem unzulänglichen Denken hat. Sie hat gerade auf diesem Gebiete gezeigt, wie sie irren muß, wenn sie den Leitfaden nicht hat, der durch das Labyrinth führt, denn gerade hier hapert es ganz gewaltig. So hat man verglichen diese Bildungen hier, die ein menschliches Sinnesorgan bedeuten, mit gewissen Organen im Pflanzenreiche, wo auch eine Art von Gleichgewicht bei einem Neigen der Pflanzen durch Umlagerung solcher Körperchen bewirkt wird. Weil aber der moderne Denker in der Regel immer dann von der Logik verlassen wird, wenn er eine richtige Anschauung über die Dinge haben sollte, so ist er zu dem sonderbaren Resultat gekommen, daß auch die Pflanzen einen Gleichgewichtssinn hätten. Solch eine Logik aber beruht auf dem Standpunkt, den ich schon oft durch ein Bild charakterisiert und angeführt habe. Weil eine gewisse Pflanze, wenn sich irgendein Insekt ihr nähert, zum Fangen desselben ihre Blätter zusammenzieht, so sagt man in dieser oberflächlichen Weise, es müsse von einem entsprechenden Sinn der Pflanze gesprochen werden. Ich kenne jedoch ein Gebilde, das dies in vorzüglicherer Weise tun kann, es geht sogar so weit, daß es die kleinen Tiere heranlockt und aufschnappt, nämlich die Mäusefalle. Mit demselben Recht, wie man das, was von den menschlichen Sinnen gesagt wird, auf die Pflanzen überträgt, könnte es auch auf die Mäusefalle übertragen werden. Ebenso töricht könnten wir es auch auf die Waage mit ihrem Gleichgewicht anwenden und von einem Gleichgewichtssinn der Waage sprechen. Solche Verkehrtheiten rühren her von einem ungenügenden Denken, das sich nicht genügend dehnen, das die Wesenheit der Sache nicht ordentlich durchdringen kann.

So haben wir drei Sinne, über welche die Wissenschaft heute in gewisser Weise ihre Fangarme ausbreitet, die sie aber erst beherrschen lernen wird, wenn sie den Faden der Geisteswissenschaft findet und anzuwenden vermag. Dann erst wird sie auch den Bau des menschlichen Organismus richtig begreifen, so wie er wirklich ist, gerade unter dem Einflusse der Wechselwirkungen, die geschildert worden sind. Dazu ist aber nötig, daß man den ganzen Menschen aus dem Innern heraus geisteswissenschaftlich zu beobachten und zu erfassen vermag.

Wir kommen nun zum Geruchssinn. Hier kann die Frage entstehen: Warum wird eigentlich das ausgelassen, was die Wissenschaft den Tastsinn nennt und worüber gewöhnlich am meisten verhandelt wird? Bei einer beschränkten Anzahl von Vorträgen über dieses ganze Gebiet muß über manches mit einer gewissen Schnelligkeit hinweggegangen werden, und manches wird dann etwas paradox klingen. Der Tastsinn wurde ausgelassen, weil er so, wie er gewöhnlich geschildert wird, eine Erfindung, ein Phantasiegebilde der Physiologie ist. Er existiert als solcher gar nicht, denn man kann eine ganze Reihe von Sinnen als solche des Tastens bezeichnen. Nicht aber darf man von einem eigentlichen Sinn des Tastens sprechen. Was geht denn da vor, wenn getastet wird? Angenommen, man fasse einen Gegenstand an. Was da vorgeht, erschöpft sich eigentlich ganz im Gleichgewichtssinn. Wenn man einen Körperteil drückt, wird nämlich das Gleichgewicht in dem Körperteil gestört, und es geht nichts anderes vor, als was innerhalb des Gleichgewichtssinnes geschieht. Dasselbe ist der Fall, wenn man auf einen Tisch drückt, über eine Sammetfläche hinstreicht, an einem Strick zieht. Es sind nur Veränderungen im Gleichgewicht in uns selber, wenn Druck, Zug oder Streichen und so weiter als Tastvorgänge sich vollziehen. Der Tastsinn muß immer dort gesucht werden, wo der Gleichgewichtssinn tätig ist.

Über den Tastsinn existieren in der Wissenschaft die fatalsten Anschauungen. Man spricht vom Drücken, ohne weiter auf das Wesen dieser Tatsache einzugehen. Für den gewöhnlichen Menschen ist ein Druck etwas, wonach er gar nicht weiter fragt. Ein Druck aber hängt für den, der geisteswissenschaftlich die Sache betrachtet, zusammen mit der Frage: Was für eine Störung im Gleichgewicht entsteht da im Organismus und was für eine Ausgleichung ist infolgedessen im astralischen Leibe nötig? – Wie dieser Drucksinn, der ein Teil des Tastsinnes sein würde, mißverstanden wird, kann man daraus entnehmen, daß man fragt: Warum werden die Menschen von dem ungeheuren Atmosphärendruck, der auf ihnen lastet, nicht erdrückt? – Wenn die Sache mit dem äußern Drucke sich so verhielte, so würde ein ungeheurer Druck auf unseren Körper ausgeübt. Ein wißbegieriger Junge fragt dann etwa im Physikunterricht danach, und da wird ihm gesagt, Druck und Gegendruck, der von innen nach außen wirkt, seien in unserem Körper gleich und würden sich gegenseitig aufheben. Der Mensch, so sagt man, ist ja innen ebenso mit Luft angefüllt, und die Folge ist ein ebenso großer Druck nach außen, so daß die beiden gleich großen, entgegengesetzt gerichteten Druckwirkungen sich ausgleichen. Es tritt Gleichgewicht ein, und der Mensch kann nicht erdrückt werden. Ist der betreffende Junge aber ein aufgeweckter, so wird er einen Einwand machen und sagen: Ich habe schon oft tief ins Wasser getaucht und bin ganz von Wasser umgeben gewesen und bin nicht erdrückt worden, trotzdem ich im Innern meines Leibes doch nicht mit Wasser angefüllt war; sonst wäre ich ja ersoffen! – Hierin liegt das Absurde, wohin die Dinge führen, wenn wir sie rein äußerlich materialistisch auslegen. In Wahrheit handelt es sich um einen eminent geistigen Vorgang, wenn Druck auf uns ausgeübt wird. Bis in unseren Astralleib führt uns das hinein, wenn Störungen des Gleichgewichts ausgeglichen werden müssen. Wenn auf uns ein Druck ausgeübt wird, so verändert sich das Gleichgewicht, wir schieben in den zusammengedrückten Teil den astralischen Leib hinein und stellen so das gestörte Gleichgewicht wieder her, ja, man läßt ihn sogar etwas darüber vorstehen. Es ist sozusagen astralisch immer eine kleine Beule da, wo gedrückt wird. Diese ausgleichende, rein astrale Wirkung ist so stark, daß sie von innen her den ganzen Druck der Luft von außen zu überwinden vermag. Hier ist buchstäblich der Geist mit Händen zu greifen; man merkt es nur nicht.

Was geschieht nun aber beim *Geruchssinn*? Da ergreift den menschlichen Organismus etwas, das unserem Bewußtsein schon näher liegt, nämlich die Bewußtseinsseele selber. Was in der Geisteswissenschaft Bewußtseinsseele genannt wird, tritt in Aktion, wenn gerochen wird. Sie bewirkt an einer bestimmten Stelle des Organismus, daß nicht bloß Ausdehnung, Verdünnung eintritt, sondern daß hier der astralische Leib seine Wirkung nach außen sendet und diese Wirkung also über den Organismus hinaustritt. Während beim Riechen die luftförmige Substanz in die Schleimhaut der Nase dringt, drängt sich in dem gleichen Maße die astralische Substanz nach außen. Immer verläßt diese astralische Substanz beim Riechen den Organismus, taucht hinein in das Ding und erlebt etwas nicht nur in sich, sondern in diesem Dinge, das wir als Wohlgeruch, Duft, Gestank oder dergleichen benennen und erleben. Es ist wie ein Fühler des astralischen Leibes, was durch die Bewußtseinsseele entsteht.

Der *Geschmackssinn* wirkt in seiner Weise, weil in ihm der Organismus von der Verstandes- oder Gemütsseele bearbeitet wird. Diese ergießt die astralischen Strömungen durch das Geschmacksorgan nach außen und schickt sie den Substanzen auf der Zunge entgegen. – Was im Astralleib beim Riechen vor sich geht, ist von ganz besonderer Natur. Was strömt denn da aus dem astralischen Leibe heraus, wenn gerochen wird? Das ist nichts anderes als willensartiger Natur. Was wir innerlich als Willensimpuls fühlen, das quillt beim Riechen der einströmenden Materie entgegen. Der Vorgang des Riechens ist ein Sich-Wehren, ein Zurückdrängen-Wollen von einströmender Substanz. Die geistige Forschung kann sagen, daß jene einströmende Substanz nicht nur eine luftartige Substanz ist – das ist nur Maja, Täuschung –, sondern das ist von außen einströmender Wille. Es vollzieht sich ein Spiel von Willenskräften beim Riechen. Die Folge davon ist, wie einmal jemand geahnt hat, daß hier Wille von innen und Wille von außen sich gegenseitig bekämpfen und hemmen. Auf dieser Ahnung hat jener – es ist Schopenhauer – eine Willensphilosophie begründet. Das ist aber eine falsche Metaphysik. Was Schopenhauer da sagt über jene Willenskräfte, trifft eigentlich nur zu für das Riechen; alles andere ist einfach hineininterpretiert.

Wie beim Geruchssinn willensartig ist, was sich hinausergießt, ist das, was beim Geschmackssinn, der Nahrung entgegen, herausströmt, gefühlsartiger Natur, und auch das Hereinströmende ist gefühlsartiger Natur. Hier, beim Schmecken, gelangt also Gefühl mit Gefühl in Wechselwirkung. Alles andere daran ist bloß Maja, bloß äußeres Zeichen. Hier zeigt sich eine Gefühlswirkung als Sinn, nämlich das Schmecken wird als angenehm, unangenehm, widrig und so weiter empfunden. Allerdings nicht mit dem Gefühl selber hat man es da zu tun, sondern nur mit entsprechenden Wechselwirkungen von Gefühlen.

Der nächste Sinn ist der *Gesichtssinn.* Hier ist es so, daß das, was jetzt den Ätherleib bearbeitet und sich in ihn ergießt, die Empfindungsseele ist. Das Geschehen ist hier von gedankenartiger Natur. Ein denkerisches Prinzip waltet da. Die Empfindungsseele hat schon in sich, was in der Bewußtseinsseele bewußt wird; allerdings ist der Gedanke in ihr noch unterbewußt. Es ist ein Denken in der Empfindungsseele, das da hinausströmt durch das Auge. Hier strömt also richtige Gedankensubstanz hinaus. Sie hat eine weit größere Elastizität als die anderen beiden Substanzen, die beim Geruchs- und Geschmackssinn ausströmen, und sie reicht deshalb auch viel weiter. Es ist so, daß wirklich von dem Menschen Astralisches ausgeht und zu den Dingen hineinströmt. Nicht etwa begeben sich Ätherwellen des Lichts ins Auge, das dann das empfangene Bild nach außen projiziert! Da müßte doch jemand dadrinnen sitzen, der diese Projektionsarbeit besorgt. Dies wäre doch eine greulich abergläubische Vorstellung, dieses Etwas, das da projiziert. Die Wissenschaft, die so stolz ist auf ihren Naturalismus, läßt sich im gegebenen Fall in grotesker Weise aushelfen durch die vielgeschmähte Phantasie. Dem Ding strömt ein Astralisches als Gedankensubstanz zu und dringt so weit, bis ihm irgendwo in der Ferne Widerstand geboten wird und sich ihm ein anderes Astralisches entgegensetzt. Der sich draußen so abspielende Widerstreit von Astralischem und Astralischem bildet die Farbe, die wir an den Dingen empfinden. Die Farbe entsteht an der Grenze der Dinge, wo das aus dem Menschen ausströmende Astralische mit dem Astralischen der Dinge zusammentrifft. An der Grenze des äußeren und inneren Astralischen entsteht die Farbe.

Es ist sehr merkwürdig, wenn man zum Beispiel in Betracht zieht, daß eigentlich schon in der Empfindungsseele unterbewußt ein Denken ist, das erst in der Verstandesseele zum Vorschein kommt und uns erst in der Bewußtseinsseele bewußt wird. Was in der Tat, wenn wir die Dinge mit den beiden Augen anschauen, als zwei Eindrücke erscheint, das wird bewirkt durch ein Gedankliches, das zunächst nicht ins Bewußtsein gelangt. Wenn dieses ins Bewußtsein treten soll, müssen beide

Gedankenmomente zusammenarbeiten; sie müssen den Weg machen von der Empfindungsseele herauf in die Bewußtseinsseele hinein. Diesen Weg können wir uns gut durch ein äußeres Zeichen veranschaulichen: Hier sind die beiden Hände. Jede Hand kann empfinden für sich, aber nur wenn die beiden Hände sich kreuzen, kommt diese Empfindung, daß die eine Hand die andere empfindet, einem zum Bewußtsein, wie ein äußerer Gegenstand erst durch die Berührung einem ins wirkliche Bewußtsein gehoben wird. Sollen die Eindrücke, die durch Gedankenarbeit in der Empfindungsseele gewonnen werden, ins Bewußtsein des Menschen treten, dann müssen sie gekreuzt werden. Das ist beim Sehen die Folge davon, daß die beiden Sehnerven im Gehirn sich kreuzen. Diese Kreuzung der Sehnerven hat ihren Grund darin, daß eine im Unterbewußten, in der Empfindungsseele geleistete Denkarbeit durch die Kreuzung in die Bewußtseinsseele heraufgehoben wird, dadurch, daß nun die eine Arbeit an der anderen empfunden werden kann. So baut sich das Physische aus dem Geistigen heraus auf, und bis in die feinsten anatomischen Einzelheiten hinein kann durch Anthroposophie der Mensch erst verstanden werden.

Nun folgt als nächster der *Wärmesinn.* Hier ist wiederum etwas, das durch seine Wirkung im Menschen den Wärmesinn vermittelt. Dies ist der Empfindungsleib selber, der seine astralische Substanz in Wirksamkeit bringt und nach außen strömen läßt, wenn ein Wärmeerlebnis eintreten soll. Dies tritt dann ein, wenn der Mensch wirklich imstande ist, seine astralische Substanz nach außen zu senden, ohne daran gehindert zu sein. Im Bade fühlen wir uns nicht erwärmt, wenn es ebenso warm ist wie wir, wenn also Gleichgewicht besteht zwischen uns und unserer Umgebung und von uns nichts aufgenommen wird. Nur wenn von uns Wärme ausströmt oder solche in uns einfließen kann, empfinden wir Wärme oder Kälte. Ist die äußere

Umgebung wärmearm, so lassen wir Wärme in sie ausströmen. Sind wir wärmearm, so lassen wir Wärme in uns einströmen. Hier hat man es wieder handgreiflich, daß ein Aus- und Einströmen stattfindet. Beim Ausgeglichensein jedoch von außen und innen wird die Wärme nicht empfunden. Das Wärmeerlebnis hat immer zu tun mit der Wirkung des menschlichen Empfindungsleibes. Dieser wird, wenn wir einen Gegenstand berühren, der immer wärmer und wärmer wird, immer stärker ausströmen. Es drängt sich uns immer mehr auf von dem, was hinein will, und der Empfindungsleib muß dann entsprechend mehr ausströmen. Dies geht aber nur bis zu einer bestimmten Grenze. Wenn nicht mehr die Möglichkeit besteht, aus dem Empfindungsleib Kraft ausströmen zu lassen, dann ertragen wir die Hitze nicht mehr und wir verbrennen uns. Es müßte auch so sein, daß wir jedesmal ein Verbrennen empfinden, wenn wir nicht mehr Substanz aus unserem Empfindungsleib ausströmen können beim Berühren von etwas sehr Kaltem. Fassen wir einen sehr kalten Körper an, der uns verhindert, Substanz aus dem Empfindungsleib ausströmen zu lassen, weil er nichts an uns abgibt, so erscheint uns die übermäßige Kälte auch als ein Brennen und erzeugt Blasen. Beides beruht auf derselben Wirkung.

Nunmehr wenden wir uns dem Gebiet zu, das wir als das des *Gehörsinnes* bezeichnen. Da ist beteiligt der Ätherleib des Menschen. Dieser Ätherleib, so wie der Mensch ihn heute hat, ist aber außerstande, in Wahrheit etwas abzugeben, ohne dauernden Verlust für uns, wie das der Empfindungsleib noch kann. Der Ätherleib ist schon so geformt seit der atlantischen Zeit, daß er nichts mehr abgeben kann, denn solches müßte dann der Mensch in seiner Lebenskraft entbehren. Es muß also auf einem ganz andern Wege geschehen, wenn eine Gehörwirkung zustande kommen soll. Hier kann der Mensch also nichts mehr abgeben. Aus sich heraus kann der Mensch keinen höheren Sinn entwickeln, als es der Wärmesinn ist. Würde hier nicht etwas, das der Mensch selber nicht hat, in den Menschen eintreten, so könnte kein Hörsinn zustande kommen. Der Mensch muß deshalb durchsetzt werden von Wesenheiten, die ihre eigene Substanz ihm zur Verfügung stellen. Daher ist der menschliche Organismus durchzogen von Wesenheiten, die ihn wie einen Schwamm durchdringen. Es sind dies die Wesen, welche wir Angeloi nennen, die in der Vergangenheit schon die Menschheitsstufe durchgemacht haben. Sie schicken ihre Astralsubstanz in uns Menschen hinein als eine fremde Astralsubstanz, welche sich der Mensch aneignet und in sich wirken und ausströmen läßt. Sie strömt durch die Ohren dem entgegen, was uns durch den Ton zugetragen wird. Gleichsam auf den Flügeln dieser Wesenheiten schreiten wir in jenes Innere hinein, das wir als die Seele der Dinge erkennen lernen. Hier hat man es also zu tun mit Wesen, die über dem Menschen stehen, welche den Menschen ausfüllen, die aber gleicher Natur sind mit seiner eigenen astralischen Substanz.

Nun aber gibt es noch einen höheren Sinn, nämlich den *Sprach-* oder *Wort-* oder *Lautsinn.* Wo dieser in Betracht kommt, hat der Mensch wiederum nichts, das er von sich aus abgeben könnte. Hier müssen deshalb Wesenheiten eingreifen, welche ihrer Substanz nach ähnlich sind mit dem, woraus der menschliche Ätherleib besteht. Sie haben natürlich auch die entsprechende astralische Substanz; diese wird aber hierbei in die Umwelt hinausgedrängt. Sie müssen in den Menschen eintreten, sie geben ihren Ätherleib, und diese Kraft kann dann der Mensch wieder in die Umgebung ausströmen lassen. Es sind dies die Archangeloi, die Erzengel. Diese spielen noch eine ganz andere Rolle als die Engel. Sie bewirken, daß der Mensch den Laut nicht nur hören kann, sondern ihn auch verstehend zu erleben vermag. Sie machen, daß der Mensch nicht nur imstande ist, einen Ton, ein g oder cis zu hören, sondern auch, daß er, wenn er einen Laut hört, dabei etwas erlebt, nämlich das, was das Innere des Lautes ist; daß er ein A zum Beispiel dem Lautsinne nach vernimmt. Diese Wesenheiten sind nichts anderes, als was man auch etwa die Volksgeister nennt, die Geister der einzelnen Völkerindividualitäten. Während beim Gehörsinn die Engel ihre Arbeit äußerlich ausdrücken durch Luftwirkungen, dadurch, daß sie die Luft im Ohre behandeln, stellen die Erzengel dem, was in der Luft draußen geschieht, andere Wirkungen entgegen. Durch sie werden Säftewirkungen hervorgerufen in einer wäßrigen Substanz. Durch das, was sie bewirken, wird der Säfteumlauf in eine gewisse Richtung gebracht. Daß zum Beispiel der Mensch im A den entsprechenden Sinn des Lautes wahrnimmt, bewirken auch die feineren Säfte. Der äußere Ausdruck für diese Arbeit liegt darin, daß die Volksphysiognomien geformt werden, der besondere Ausdruck des menschlichen Organismus, sofern er dem besonderen Volke angehört. Darinnen wirken insbesondere diese Wesenheiten. Daher können wir sagen, daß die Säfte in einem Menschen anders fließen und der ganze Organismus anders wirkt, je nachdem jenes Erzengelwesen dem Volke, dem es zugehört, dieses oder jenes als Lautsinn beibringt. Wenn beispielsweise ein Volk «Aham» – Ich im Sanskrit – sagt für Ich, was immer es auch sonst noch für Theorien über das menschliche Ich haben möge, so spielen diese Theorien keine Rolle, aber die zwei A hintereinander geben eine ursprüngliche Organisation, und der Angehörige dieses Volkes muß eine solche Empfindung vom Ich haben, wie sie diesen zwei aufeinanderfolgenden A entspricht. Wenn ein Volk I mit ch verbindet, so tritt eine ganz andere Wirkung ein. Ein solches Volk muß eine andere Vorstellung vom Ich haben. Im I liegt eine besondere Nuance, eine besondere Färbung; es ist das, was der Volksgeist dem Organismus einimpft in bezug auf die Auffassung des Ich.

Es ist auch ein großer Unterschied, ob etwas bezeichnet wird durch die Aufeinanderfolge von A und O oder von I und E. Danach muß sich das ganze Volksgefühl ändern. «Amor» zum Beispiel hat eine andere Empfindungsnuance, als wenn «Liebe» gesagt wird. Hier sieht man typisch den Volksgeist an der Arbeit. Nicht gleichgültig ist es, daß zum Beispiel das Wort «Adam» bei den Israeliten gebraucht wird für die erste Menschenform, im alten Persien aber für das Ich. Es sind eben ganz andere Gefühlswerte, die so bei den verschiedenen Völkern geweckt werden. Wir haben hier das Mysterium der Sprache angedeutet oder vielmehr seine ersten Elemente.

Es handelt sich dabei um die Wirkung von Geistern, die in der Hierarchienreihe auf der Stufe der Erzengel stehen und die den Menschen durchdringen mit dem, was Lautsinn ist und seine wäßrige Substanz durchbeben. Es gehört auch zu den größten Erlebnissen für den zum Übersinnlichen aufsteigenden Menschen, wenn er anfängt zu fühlen, was für ein Unterschied in der gestaltenden Kraft der Laute liegt. Die Lautekraft zeigt ihre vorzüglichste Wirkung im wäßrigen Element, die Tonkraft zeigt sie in der Luft.

Dann kann auch gefühlt werden, was für eine Bedeutung darin liegt, wenn sich jemand gedrängt fühlt, irgendein Wesen zu bezeichnen mit dem Namen «Eva». Will der Betreffende etwas anderes ausdrücken, das sich dazu verhält wie das Geistige zum Sinnlichen, so könnte er das Spiegelbild davon anwenden und bekäme so «Ave» als eine Silbenfolge für den Gruß an Maria. Dies erzeugt ein gegenteiliges Gefühl im menschlichen Organismus, als wenn er «Eva» spricht.

Noch eine andere Umkehrung von «Eva» wäre mit dem J davor das Wort «Jahve», als Bezeichnung für Gott im Alten

Testament. Alle Beziehungen zwischen Jahve und Eva kann der, welcher in den Laut eindringt, erkennen, wenn er zu höheren Erkenntnissen fortschreitet.

Die Sprache ist nicht in Willkür zustande gekommen; sie ist ein geistiges Produkt. Um sie in ihrem Geist wahrzunehmen, haben wir den Lautsinn, der im ganzen System der Sinne dieselbe Berechtigung hat wie die andern Sinne. Und es gibt tiefere Gründe, warum die Sinne gerade in dieser Reihenfolge aufgezählt werden müssen.

Das nächste Mal werden wir dann aufsteigen zu dem Begriffssinn und den höheren Sinnen, um uns dann so geisteswissenschaftlich den Mikrokosmos erklären zu können.

Die zwölf Sinnesbezirke und die sieben Lebensprozesse

Dornach, 12. August 1916

Wenn man, wie zum Beispiel auch Goethe im «Faust», von der großen und kleinen Welt spricht, vom Makrokosmos und Mikrokosmos, dann meint man ja das ganze Universum und den Menschen: das ganze Universum als die große Welt und den Menschen als die kleine Welt. Die Beziehungen zwischen dem Kosmos und dem Menschen sind ja, wie wir jetzt schon aus vielem gesehen haben, sehr mannigfaltig, sehr kompliziert. Ich möchte heute an einiges erinnern, das wir im Laufe der Zeiten schon besprochen haben, und dies Erinnerte anknüpfen an eine Betrachtung über das Verhältnis des Menschen zum Universum. Sie erinnern sich, daß, wenn wir von unseren Sinnen sprechen, von dem, was der Mensch als Besitzer seiner Sinne ist, wir sagen: Diese Sinne haben ihren ersten Anstoß, ihre ersten Keime während der alten Saturnentwicklung erhalten. Das finden Sie ja auch in Zyklen ausgeführt und immer wieder angegeben. Nun, selbstverständlich darf man sich nicht vorstellen, daß die Sinne, wie sie im ersten Anlauf, im ersten Keim während der Saturnzeit aufgetreten sind, schon so waren, wie sie heute sind. Das wäre natürlich eine Torheit. Es ist sogar außerordentlich schwierig, sich die Gestalt der Sinne vorzustellen, die zur Zeit der alten Saturnentwicklung vorhanden war. Denn es ist schon schwierig, sich vorzustellen, wie die Sinne des Menschen waren während der alten Mondenentwicklung. Da waren sie noch ganz anders als heute. Und darauf möchte ich jetzt einiges Licht werfen, wie diese Sinne, die ja während der alten Mondentwicklung schon sozusagen ihr drittes Entwicklungsstadium durchmachten – Saturn, Sonne, Mond –, zur Zeit der alten Mondenentwicklung waren.

Die Gestalt, die die menschlichen Sinne heute haben, ist gegenüber der Art, wie sie zur Zeit der alten Mondenentwicklung vorhanden waren, eine viel totere. Die Sinne waren damals viel lebendigere, viel lebensvollere Organe. Dafür aber waren sie nicht geeignet, Grundlagen zu bilden für das vollbewußte Leben des Menschen; sie waren nur geeignet für das alte traumhafte Hellsehen des Mondenmenschen, das dieser Mondenmensch vollzogen hat mit Ausschluß jeder Freiheit, jedes freien Handlungs- oder Begehrungsimpulses. Die Freiheit konnte sich erst während der Erdenentwicklung im Menschen als ein Impuls entwickeln. Also die Sinne waren noch nicht Grundlage für ein solches Bewußtsein, wie wir es während der Erdenzeit haben; sie waren Grundlage nur für ein Bewußtsein, das dumpfer, auch imaginativer war als das heutige Erdenbewußtsein und das, wie wir das öfter auseinandergesetzt haben, dem heutigen Traumesbewußtsein glich. Der Mensch, so wie er heute ist, nimmt fünf Sinne an. Wir wissen aber, daß das unberechtigt ist, denn in Wahrheit müssen wir zwölf menschliche Sinne unterscheiden. Alle anderen sieben Sinne, die außer den fünf gewöhnlichen Sinnen noch genannt werden müssen, sind genau ebenso berechtigte Sinne hier für die Erdenzeit, wie es die fünf Sinne sind, die immer aufgezählt werden. Sie wissen, man zählt auf: Gesichtssinn, Hörsinn, Geschmackssinn, Geruchssinn und Gefühlssinn. – Letzteren nennt man oft Tastsinn, wobei man schon beim Tasten nicht recht unterscheidet, was in der neueren Zeit einige nun doch schon unterscheiden wollen, den eigentlichen Tastsinn von dem Wärmesinn. Tastsinn und Wärmesinn hat eine ältere Zeit noch ganz durcheinandergeworfen. Diese beiden Sinne sind natürlich völlig voneinander verschieden. Durch den Tastsinn nehmen wir wahr, ob etwas hart oder weich ist; der Wärmesinn ist etwas ganz anderes. Aber wenn man wirklich einen Sinn hat, wenn ich das Wort so gebrauchen darf, für das Verhältnis des Menschen zur übrigen Welt, dann hat man zwölf Sinne zu unterscheiden. Wir wollen sie heute noch einmal aufzählen, diese zwölf Sinne.

Tastsinn ist gewissermaßen derjenige Sinn, durch den der Mensch in ein Verhältnis zur materiellsten Art der Außenwelt tritt. Durch den Tastsinn stößt gewissermaßen der Mensch an die Außenwelt, fortwährend verkehrt der Mensch durch den Tastsinn in der gröbsten Weise mit der Außenwelt. Aber trotzdem spielt sich der Vorgang, der beim Tasten stattfindet, innerhalb der Haut des Menschen ab. Der Mensch stößt mit seiner Haut an den Gegenstand. Das, was sich abspielt, daß er eine Wahrnehmung hat von dem Gegenstand, an den er stößt, das geschieht selbstverständlich innerhalb der Haut, innerhalb des Leibes. Also der Prozeß, der Vorgang des Tastens geschieht innerhalb des Menschen.

Schon mehr innerhalb des menschlichen Organismus als der Vorgang des Tastsinns liegt dasjenige, was wir nennen können den *Lebenssinn.* Es ist ein Sinn innerhalb des Organismus, an den der Mensch sich heute kaum gewöhnt zu denken, weil dieser Lebenssinn, ich möchte sagen, dumpf im Organismus wirkt. Wenn irgend etwas im Organismus gestört ist, dann empfindet man die Störung. Aber jenes harmonische Zusammenwirken aller Organe, das sich in dem alltäglich und immer im Wachzustande vorhandenen Lebensgefühl, in dieser Lebensverfassung ausdrückt, das beachtet man gewöhnlich nicht, weil man es als sein gutes Recht fordert. Es ist dieses: sich mit einem gewissen Wohlgefühl durchdrungen wissen, mit dem Lebensgefühl. Man sucht, wenn das Lebensgefühl herabgedämpft ist, sich ein bißchen zu erholen, daß das Lebensgefühl wieder frischer wird.

Diese Erfrischung und Herabdämpfung des Lebensgefühles, die spürt man, nur ist man im allgemeinen zu sehr an sein Lebensgefühl gewöhnt, als daß man es immer spüren würde. Aber es ist ein deutlicher Sinn vorhanden, der Lebenssinn, durch den wir das Lebende in uns geradeso fühlen, wie wir irgend etwas mit dem Auge sehen, was ringsherum ist. Wir fühlen uns mit dem Lebenssinn, wie wir mit dem Auge sehen. Wir wüßten nichts von unserem Lebensverlaufe, wenn wir nicht diesen inneren Lebenssinn hätten.

Schon noch mehr innerlich, körperlich-innerlich, leiblich-innerlich als der Lebenssinn ist das, was man nennen kann *Bewegungssinn.* Der Lebenssinn verspürt gewissermaßen den Gesamtzustand des Organismus als ein Wohlgefühl oder auch als ein Mißbehagen. Aber Bewegungssinn haben heißt: Die Glieder unseres Organismus bewegen sich gegeneinander, und das können wir wahrnehmen. Hier meine ich nicht, wenn sich der ganze Mensch bewegt – das ist etwas anderes –, sondern wenn Sie einen Arm beugen, ein Bein beugen; wenn Sie sprechen, bewegt sich der Kehlkopf; das alles, dieses Wahrnehmen der innerlichen Bewegungen, der Lageveränderungen der einzelnen Glieder des Organismus, das nimmt man mit dem Bewegungssinn wahr.

Weiter müssen wir wahrnehmen dasjenige, was wir nennen können unser Gleichgewicht. Wir achten auch darauf eigentlich nicht. Wenn wir sogenannten Schwindel bekommen und umfallen, ohnmächtig werden, dann ist der *Gleichgewichtssinn* unterbrochen, genau ebenso, wie der Sehsinn unterbrochen ist, wenn wir die Augen zumachen. Ebenso wie wir unsere innere Lageveränderung wahrnehmen, so nehmen wir unser Gleichgewicht wahr, wenn wir einfach uns in ein Verhältnis bringen zu oben und unten, links und rechts und uns so einordnen in die Welt, daß wir uns drinnen fühlen; daß wir fühlen, wir stehen jetzt aufrecht. Also dieses Gleichgewichtsgefühl wird wahrgenommen von uns durch den Gleichgewichtssinn. Der ist ein wirklicher Sinn.

Diese Sinne verlaufen in ihren Prozessen so, daß eigentlich alles innerhalb des Organismus bleibt, was vorgeht. Wenn Sie tasten, stoßen Sie zwar an den äußeren Gegenstand. Wenn Sie an einer Nadel sich stoßen, so sagen Sie, die Nadel ist spitz, Sie kommen selbstverständlich nicht hinein in die Spitze, wenn Sie bloß tasten, sonst stechen Sie sich, aber das ist ja nicht mehr Tasten. Aber alles das kann nur in Ihrem Organismus selbst vorgehen. Sie stoßen zwar an den Gegenstand, aber das, was Sie als Tastmensch erleben, vollzieht sich innerhalb der Grenzen Ihrer Haut. Also das ist leiblich-innerlich, was Sie da im Tastsinn erleben. Ebenso ist leiblich-innerlich, was Sie im Lebenssinn erleben. Sie erleben nicht, wie der Verlauf da oder dort ist, außer sich, sondern was in Ihnen ist. Ebenso im Bewegungssinn: nicht die Bewegung, daß man hin und her gehen kann, ist gemeint, sondern diejenigen Bewegungen, wenn ich an mir meine Glieder bewege oder aber wenn ich spreche, also die innerlichen Bewegungen, die sind mit dem Bewegungssinn gemeint. Wenn ich außer mir mich bewege, bewege ich mich auch innerlich. Sie müssen da die zwei Dinge unterscheiden: meine Vorwärtsbewegung und die Lage der Glieder, das Innerliche. Der Bewegungssinn also wird innerlich wahrgenommen, wie der Lebenssinn und auch der Gleichgewichtssinn. Nichts nehmen Sie da äußerlich wahr, sondern Sie nehmen sich selbst in einem Gleichgewicht wahr.

Jetzt gehen Sie zunächst aus sich heraus im *Geruchssinn.* Da kommen Sie schon in das Verhältnis zur Außenwelt. Aber Sie werden das Gefühl haben, daß Sie da im Geruchssinn noch wenig nach außen kommen. Sie erfahren wenig durch den Geruchssinn von der Außenwelt. Der Mensch will das auch gar nicht wissen, was man durch einen intimeren Geruchssinn von der Außenwelt erfahren kann. Der Hund will es schon mehr wissen. Es ist so, daß der Mensch die Außenwelt durch den Geruchssinn nur zunächst wahrnehmen will, aber wenig mit der Außenwelt in Berührung kommt. Es ist kein Sinn, durch den sich der Mensch so sehr tief mit der Außenwelt einlassen will.

Schon mehr will sich der Mensch mit der Außenwelt einlassen im *Geschmackssinn.* Man erlebt das, was Eigenschaft ist des Zuckers, des Salzes, indem man es schmeckt, schon sehr innerlich. Das Äußere wird schon sehr innerlich, mehr als im Geruchssinn. Also ist es schon mehr Verhältnis zu Außenwelt und Innenwelt.

Noch mehr ist es im Sehsinn, im *Gesichtssinn.* Sie nehmen viel mehr von den Eigenschaften der Außenwelt im Gesichtssinn herein als im Geschmackssinn. Und noch mehr nehmen Sie im *Wärmesinn* herein. Das, was Sie durch den Sehsinn, durch den Gesichtssinn wahrnehmen, bleibt Ihnen doch noch fremder, als was Sie durch den Wärmesinn wahrnehmen. Durch den Wärmesinn treten Sie eigentlich schon in ein sehr intimes Verhältnis zu der Außenwelt. Ob man einen Gegenstand als warm oder kalt empfindet, das erlebt man stark mit, und man erlebt es mit dem Gegenstande mit. Die Süßigkeit des Zuckers zum Beispiel erlebt man weniger mit dem Gegenstande mit. Denn schließlich kommt es Ihnen beim Zucker auf das an, was er durch Ihren Geschmack erst wird, weniger auf das, was da draußen ist. Beim Wärmesinn können Sie das nicht mehr unterscheiden. Da erleben Sie schon das Innere dessen, was Sie wahrnehmen, stark mit.

Noch intimer setzen Sie sich mit dem Inneren der Außenwelt durch den *Gehörsinn* in Beziehung. Der Ton verrät uns schon sehr viel von dem inneren Gefüge des Äußeren, viel mehr noch als die Wärme und sehr viel mehr als der Gesichtssinn. Der

Gesichtssinn gibt uns sozusagen nur Bilder von der Oberfläche. Der Hörsinn verrät uns, indem das Metall anfängt zu tönen, wie es in seinem eigenen Innern ist. Der Wärmesinn geht schon auch in das Innere hinein. Wenn ich irgend etwas, zum Beispiel ein Stück Eis anfasse, so bin ich überzeugt: Nicht bloß die Oberfläche ist kalt, sondern es ist durch und durch kalt. Wenn ich etwas anschaue, sehe ich nur die Farbe der Grenze, der Oberfläche; aber wenn ich etwas zum Tönen bringe, dann nehme ich gewissermaßen von dem Tönenden das Innere intim wahr.

Und noch intimer nimmt man wahr, wenn das Tönende Sinn enthält. Also Tonsinn: *Sprachsinn, Wortsinn* könnten wir vielleicht besser sagen. Es ist einfach unsinnig, wenn man glaubt, daß die Wahrnehmung des Wortes dasselbe ist wie die Wahrnehmung des Tones. Sie sind ebenso voneinander verschieden wie Geschmack und Gesicht. Im Ton nehmen wir zwar sehr das Innere der Außenwelt wahr, aber dieses Innere der Außenwelt muß sich noch mehr verinnerlichen, wenn der Ton sinnvoll zum Worte werden soll. Also noch intimer in die Außenwelt leben wir uns ein, wenn wir nicht bloß Tönendes durch den Hörsinn wahrnehmen, sondern wenn wir Sinnvolles durch den Wortsinn wahrnehmen. Aber wiederum, wenn ich das Wort wahrnehme, so lebe ich mich nicht so intim in das Objekt, in das äußere Wesen hinein, als wenn ich durch das Wort den Gedanken wahrnehme. Da unterscheiden die meisten Menschen schon nicht mehr. Aber es ist ein Unterschied zwischen dem Wahrnehmen des bloßen Wortes, des sinnvoll Tönenden, und dem realen Wahrnehmen des Gedankens hinter dem Worte. Das Wort nehmen Sie schließlich auch wahr, wenn es gelöst wird von dem Denker durch den Phonographen oder selbst durch das Geschriebene. Aber im lebendigen Zusammenhange mit dem Wesen, das das Wort bildet, unmittelbar durch das

Wort in das Wesen, in das denkende, vorstellende Wesen mich hineinversetzen, das erfordert noch einen tieferen Sinn als den gewöhnlichen Wortsinn, das erfordert den Denksinn, wie ich es nennen möchte. Und ein noch intimeres Verhältnis zur Außenwelt als der *Denksinn* gibt uns derjenige Sinn, der es uns möglich macht, mit einem anderen Wesen so zu fühlen, sich eins zu wissen, daß man es wie sich selbst empfindet. Das ist, wenn man durch das Denken, durch das lebendige Denken, das einem das Wesen zuwendet, das Ich dieses Wesens wahrnimmt – der *Ichsinn.*

Sehen Sie, man muß wirklich unterscheiden zwischen dem Ichsinn, der das Ich des anderen wahrnimmt, und dem Wahrnehmen des eigenen Ich. Das ist nicht nur deshalb verschieden, weil man das eine Mal das eigene Ich wahrnimmt und das andere Mal das Ich des anderen, sondern es ist auch verschieden hinsichtlich des Herkommens. Die Keimanlage, das, was jeder vom anderen wissen kann, wahrnehmen zu können, die wurde schon auf dem alten Saturn uns eingepflanzt mit den Sinnesanlagen. Also, daß Sie einen anderen als ein Ich wahrnehmen können, das wurde Ihnen schon mit den Sinnesanlagen auf dem alten Saturn eingepflanzt. Ihr Ich haben Sie aber überhaupt erst während der Erdenentwicklung erlangt; dieses innerlich Sie beseelende Ich ist nicht das gleiche wie der Ichsinn. Die beiden Dinge müssen streng voneinander unterschieden werden. Wenn wir vom Ichsinn reden, so reden wir von der Fähigkeit des Menschen, ein anderes Ich wahrzunehmen.

Sie wissen, ich habe nie anders als voll anerkennend über das Wahre und Große der materialistischen Wissenschaft gesprochen. Ich habe hier Vorträge gehalten, um diese materialistische Wissenschaft voll anzuerkennen; aber man muß dann wirklich so liebevoll sich in diese materialistische Wissenschaft vertiefen, daß man sie auch in ihren Schattenseiten liebevoll anfaßt. Wie diese materialistische Wissenschaft von den Sinnen denkt, das kommt erst heute in eine gewisse Ordnung. Erst heute fangen die Physiologen an, wenigstens Lebenssinn, Bewegungssinn, Gleichgewichtssinn zu unterscheiden und den Wärmesinn vom Tastsinn zu trennen. Das andere, was hier noch angeführt ist, das unterscheidet die äußere materialistische Wissenschaft nicht.

Also, was Sie Erleben Ihres eigenen Ich nennen, das bitte ich Sie sehr zu unterscheiden von der Fähigkeit, ein anderes Ich wahrzunehmen. Bezüglich dieser Wahrnehmung des anderen Ich durch den Ichsinn ist nun – das sage ich aus tiefer Liebe zur materialistischen Wissenschaft, weil diese tiefe Liebe zur materialistischen Wissenschaft einen befähigt, die Sache wirklich zu durchschauen – die materialistische Wissenschaft heute geradezu behaftet mit Blödsinnigkeit. Sie wird blödsinnig, wenn sie von der Art redet, wie sich der Mensch verhält, wenn er den Ichsinn in Bewegung setzt, denn sie redet Ihnen vor, diese materialistische Wissenschaft, daß eigentlich der Mensch, wenn er einem Menschen entgegentritt, aus den Gesten, die der andere Mensch macht, aus seinen Mienen und aus allerlei anderem unbewußt auf das Ich schließt, daß es ein unbewußter Schluß wäre auf das Ich des anderen. Das ist ein völliger Unsinn! Wahrhaftig, so unmittelbar wie wir eine Farbe wahrnehmen, nehmen wir das Ich des anderen wahr, indem wir ihm entgegentreten. Zu glauben, daß wir erst aus der körperlichen Wahrnehmung auf das Ich schließen, ist eigentlich vollständig stumpfsinnig, weil es abstumpft gegen die wahre Tatsache, daß im Menschen ein tiefer Sinn vorhanden ist, das andere Ich aufzufassen. So wie durch das Auge Hell und Dunkel von Farben wahrgenommen werden, so werden durch den Ichsinn die anderen Iche unmittelbar wahrgenommen. Es ist ein Sinnenverhältnis zu dem anderen

Ich. Das muß man erleben. Und ebenso, wie die Farbe durch das Auge auf mich wirkt, so wirkt das andere Ich durch den Ichsinn. Wir werden, wenn die Zeit dazu gekommen sein sollte, auch ebenso von dem Sinnesorgan für den Ichsinn sprechen, wie man von den Sinnesorganen für den Sehsinn, für den Gesichtssinn sprechen kann. Es ist da nur leichter, eine materielle Manifestation anzugeben, als für den Ichsinn. Aber vorhanden ist das alles.

Wenn Sie gewissermaßen sich besinnen auf diese Sinne, so können Sie sagen: In diesen Sinnen spezifiziert sich oder differenziert sich Ihr Organismus. Er differenziert sich wirklich, denn Sehen ist nicht Töne-Wahrnehmen, Tonwahrnehmung ist nicht Hören, Hören ist wiederum nicht Denken-Wahrnehmen, Denken-Wahrnehmen ist nicht Tasten. Das sind gesonderte Gebiete des menschlichen Wesens. Zwölf gesonderte Gebiete des menschlichen Organismus haben wir in diesen Sinnesgebieten. Die Sonderung, daß jedes für sich ein Gebiet ist, das bitte ich Sie besonders festzuhalten; denn wegen dieser Sonderung kann man diese ganze Zwölfheit in einen Kreis einzeichnen, und man kann zwölf getrennte Gebiete in diesem Kreise unterscheiden. (Siehe Zeichnung Seite 107)

Das ist anders, als es nun mit den Kräften steht, die gewissermaßen tiefer im Menschen liegen als diese Sinneskräfte. Der Sehsinn ist an das Auge gebunden, ist ein gewisser Bezirk im menschlichen Organismus. Der Hörsinn ist an den Hörorganismus gebunden, wenigstens in der Hauptsache; er braucht ihn aber nicht allein; es wird mit viel mehr im Organismus gearbeitet, es wird mit einem viel weiteren Bezirk gehört als durch das Ohr; aber das Ohr ist der normalste Hörbezirk. Alle diese Sinnesbezirke werden von dem Leben gleichmäßig durchflossen. Das Auge lebt, das Ohr lebt, das, was dem Ganzen zugrunde liegt, lebt; was dem Tastsinn zugrunde liegt, lebt – alles

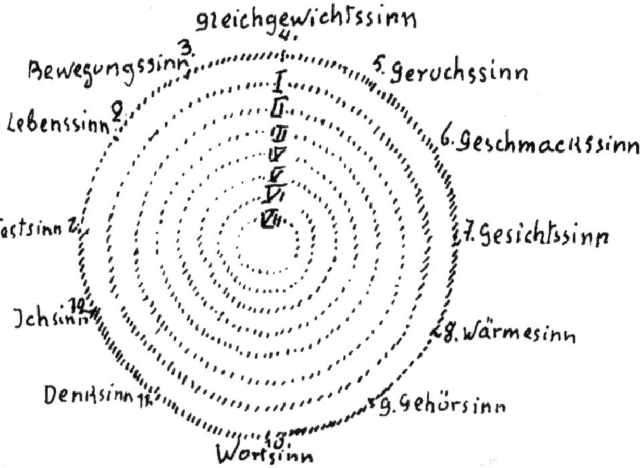

lebt. Das Leben wohnt in allen Sinnen, es geht durch alle Sinnesbezirke durch.

Wenn wir dieses Leben weiter betrachten, so stellt es sich wiederum differenziert heraus. Es gibt nicht nur *eine* Kraft des Lebens. Sie müssen schon unterscheiden, es ist etwas anderes der Lebenssinn, durch den wir das Leben wahrnehmen, als das, was ich jetzt bespreche. Ich bespreche jetzt das *Leben* selber, wie es durch uns flutet; das differenziert sich in uns selber wiederum, und zwar in der folgenden Weise (siehe Zeichnung). Die zwölf Sinnesbezirke müssen wir uns gleichsam ruhend denken im Organismus. Das Leben aber pulsiert durch den ganzen Organismus, und das Leben ist wiederum differenziert. Da haben wir zunächst etwas, was in einer gewissen Weise in allem Lebendigen sein muß: die Atmung. Jenes Verhältnis zur Außenwelt, das die *Atmung* ist, muß gewissermaßen in jedem Lebendigen sein. Ich kann mich jetzt nicht im einzelnen darauf einlassen, wie es wiederum für die Tiere, Pflanzen und Menschen differenziert ist; aber in jedem Lebendigen ist in einer gewissen Weise die Atmung. Die Atmung des Menschen wird immer wieder erneuert durch etwas, was er von der Außenwelt aufnimmt; das kommt allen Sinnesbezirken zugute. Es kann nicht der Geruchssinn walten, der Sehsinn walten, der Tonsinn walten, wenn nicht das, was das Leben von der Atmung hat, allen Sinnen zugute kommt. Ich müßte also zu jedem Sinn «Atmung» dazuschreiben. Nicht wahr, es wird geatmet; aber was durch die Atmung als Lebensprozeß geleistet wird, das kommt allen Sinnen zugute.

Als zweites können wir unterscheiden die *Wärmung.* Sie tritt ein mit der Atmung; aber sie ist etwas anderes als die Atmung. Die Wärmung, die innerliche Durchwärmung ist eine zweite Art, das Leben zu unterhalten. Eine dritte Art, das Leben zu unterhalten, ist die *Ernährung.* Da haben wir die drei Arten, dem Leben von außen mit Lebensprozessen entgegenzukommen: Atmung, Wärmung, Ernährung. Zu alledem gehört die Außenwelt. Atmung setzt voraus einen Stoff, beim Menschen die Luft, beim Tier auch die Luft. Wärmung setzt voraus eine ganz bestimmte Wärme der Umgebung, zu der wir uns in eine Beziehung setzen. Denken Sie sich nur einmal, wie Sie unmöglich innerlich mit der richtigen Wärme leben könnten, wenn die Temperatur in Ihrer Umgebung höher oder tiefer wäre! Denken Sie sie sich um hundert Grad tiefer: Ihre Wärmung wäre nicht mehr möglich, Ihre Wärmung hörte auf; oder um hundert Grad höher: Sie würden nicht bloß schwitzen! Ebenso ist die Ernährung notwendig, insoweit wir den Lebensprozeß als Erdenprozeß betrachten.

Jetzt kommen wir mit den Lebensprozessen mehr ins Innere. Da haben wir den nächsten Prozeß, der schon mehr dem Inneren angehört, das, was man nennen könnte die Umformung, die Verinnerlichung dessen, was aufgenommen worden ist von außen, die Umwandlung, die Verwandlung des von außen Aufgenommenen. Ich möchte, konform mit der Art, wie wir das einmal früher benannt haben, diese Umformung wiederum mit denselben Ausdrücken bezeichnen. Es gibt in der Wissenschaft noch keine Ausdrücke dafür; man muß sie erst prägen, weil man alle diese Dinge noch nicht unterscheidet. Diese innerliche Umformung dessen, was von außen aufgenommen wird, die also rein inneren Prozessen unterliegt, die können wir wiederum uns vierfach vorstellen. Das erste, was innerlich auftritt nach der Ernährung, ist die innere *Absonderung*. Absonderung ist es schon, wenn nur das aufgenommene Nahrungsmittel dem Körper mitgeteilt wird, wenn es ein Glied im Organismus wird. Es ist nicht nur die Absonderung nach außen, sondern die Mitteilung desjenigen, was durch die Nahrungsmittelsubstanz aufgenommen wird, im Inneren. Die Absonderung besteht zum Teil in Abgabe nach außen oder aber in der Aufnahme der Nahrungsmittel. Das ist eine Absonderung durch diejenigen Organe, die eben der Nahrung dienen: Absonderung in den Organismus hinein. Was so abgesondert ist in den Organismus hinein, das muß erhalten werden im Lebensprozeß, das ist wiederum ein besonderer Lebensvorgang für sich, den wir als *Erhaltung* bezeichnen müssen. Damit aber das Leben bestehen kann, muß es nicht nur das, was es aufnimmt, erhalten, sondern es muß es vergrößern. Jedes Lebendige unterliegt einer innerlichen Vermehrung: *Wachstumsprozeß* im weitesten Sinne; Wachstumsprozeß gehört zum Leben, Erhaltung und Wachstum.

Und dann gehört zum Leben hier auf Erden die Hervorbringung des Ganzen; der Wachstumsprozeß erfordert nur, daß ein Glied das andere hervorbringt. *Reproduktion* ist ein Prozeß, der höher ist als das bloße Wachstum, der das gleiche Individuum hervorbringt.

Außer diesen sieben Prozessen gibt es keinen weiteren

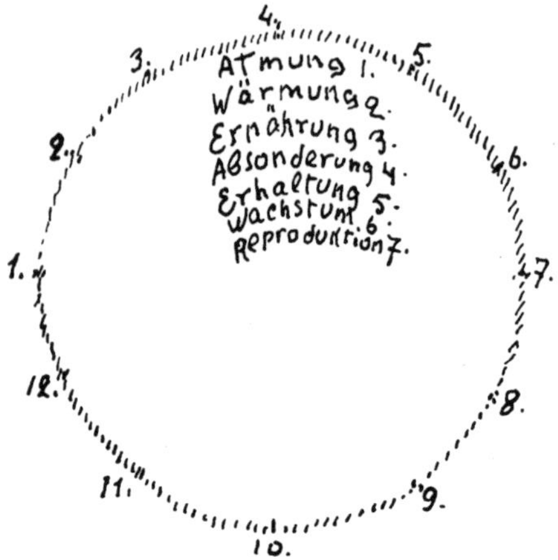

Lebensprozeß mehr innerlich. In sieben Prozesse zerfällt das Leben. Aber wir können das nicht Bezirke nennen, sondern diese sieben kommen allen zwölf Bezirken zugute, diese sieben Lebensprozesse beleben alles. Wir müssen daher, wenn wir das Verhältnis dieser sieben zu den zwölf ins Auge fassen, sagen: Wir haben 1. Atmung, 2. Wärmung, 3. Ernährung, 4. Absonderung, 5. Erhaltung, 6. Wachstum, 7. Reproduktion, aber so, daß sie doch zu allen Sinnen in einem Verhältnis stehen, dass das durch alle Sinne gewissermaßen strömt, daß das Bewegung ist (siehe Zeichnung). Wir müssen gewissermaßen den Menschen, insofern er ein lebender Mensch ist, so darstellen, daß er zwölf getrennte Sinnesbezirke hat und daß durch diese das siebenfältige Leben pulst, das in sich bewegte siebenfältige Leben. – Schreiben Sie zu den zwölf Bezirken die Tierkreiszeichen dazu, dann haben Sie den Makrokosmos; schreiben Sie dazu die Sinnesbezirke, dann haben Sie den Mikrokosmos. Schreiben Sie zu den sieben Lebensprozessen die Zeichen der Planeten, so haben Sie den Makrokosmos; schreiben Sie die Namen für die sieben Lebensprozesse, so haben Sie den Mikrokosmos. Und wie sich im Makrokosmos die Planeten in ihren Bewegungen verhalten zu den Tierkreisbildern, durch die sie durchgehen, so geht der lebendige Lebensprozeß durch die ruhenden Sinnesbezirke immer hindurch, durchströmt sie. Sie sehen, noch in mancher Beziehung ist der Mensch ein Mikrokosmos.

Wenn nun jemand kommen würde, der ein gründlicher Kenner der gegenwärtigen Physiologie und auch schon, wie man sie heute auffaßt, der experimentellen Psychologie ist, so wird er sagen: So etwas ist ja eine niedliche Spielerei; denn Beziehungen kann man zwischen allem finden. Und wenn man es gerade so einrichtet, daß man die Sinnesbezirke als zwölf annimmt, kriegt man die zwölf Tierkreiszeichen heraus; wenn man den Lebensprozeß in sieben Teile teilt, bekommt man die sieben Planeten heraus. – Kurz, man kann glauben, daß das durch irgendeine Phantastik so eingerichtet sei. Das ist es aber nicht, das ist es wahrhaftig nicht; sondern das, was heute am Menschen ist, das hat sich langsam heran- und herausgebildet. So, wie die Sinne heute im Menschen sind, waren sie nicht während der alten Mondenzeit. Ich sagte, sie waren viel, viel lebendiger. Sie waren die Grundlage für das alte traumhafte Hellsehen während der Mondenzeit. Heute sind die Sinne mehr tot, als sie während der alten Mondenzeit waren, sie sind mehr getrennt von dem Einheitlichen, von dem siebengliedrigen und in seiner Siebengliedrigkeit einheitlichen Lebensprozeß. Die Sinnesprozesse waren während der alten Mondenzeit noch selbst mehr Lebensprozesse. Wenn wir heute sehen oder hören, so ist das schon ein ziemlich toter Prozeß, ein sehr peripherischer Prozeß. So tot war die Wahrnehmung während der alten Mondenzeit gar nicht. Greifen wir einen Sinn heraus, zum Beispiel den Geschmackssinn. Wie er auf der Erde ist, ich denke, Sie wissen es alle. Während der Mondenzeit war er etwas anderes. Da war das Schmecken ein Prozeß, in dem der Mensch sich nicht so von der Außenwelt abtrennte wie jetzt. Jetzt ist der Zucker draußen, der Mensch muß erst daran lecken und einen inneren Prozeß vollziehen. Da ist sehr genau zwischen Subjektivem und Objektivem zu unterscheiden. So lag es nicht während der Mondenzeit. Da war das ein viel lebendigerer Prozeß, und das Subjektive und Objektive unterschied sich nicht so stark. Der Schmeckprozeß war noch viel mehr ein Lebensprozeß, meinetwillen ähnlich dem Atmungsprozeß. Indem wir atmen, geht etwas Reales in uns vor. Wir atmen die Luft ein, aber indem wir die Luft einatmen, geht mit unserer ganzen Blutbildung etwas vor in uns; denn das gehört ja alles zur Atmung hinzu, insofern die Atmung einer der sieben Lebensprozesse ist, da kann man nicht so unterscheiden. Also da gehören Außen und Innen zusammen: Luft draußen, Luft drinnen, und indem der Atmungsprozeß sich vollzieht, vollzieht sich ein realer Prozeß. Das ist viel realer, als wenn wir schmecken. Da haben wir allerdings eine Grundlage für unser heutiges Bewußtsein; aber das Schmecken auf dem Mond war viel mehr ein Traumprozeß, so wie es heute für uns der Atmungsprozeß ist. Im Atmungsprozeß sind wir uns nicht so bewußt wie im heutigen Schmeckprozeß. Aber der Schmeckprozeß war auf dem Mond so, wie heute der Atmungsprozeß für uns ist. Der Mensch hatte auf dem Mond auch nicht mehr vom Schmecken als wir heute vom Atmen, er wollte auch nichts anderes haben. Ein Feinschmecker war der Mensch noch nicht und konnte es auch nicht sein, denn er konnte seinen Schmeckprozeß nur vollziehen, insoferne durch das Schmecken in ihm selber etwas bewirkt wurde, was mit seiner Erhaltung zusammenhing, mit seinem Bestehen als Mondes-Lebewesen.

Und so war es zum Beispiel mit dem Sehprozeß, mit dem Gesichtsprozeß während der Mondenzeit. Da war das nicht so, daß man äußerlich einen Gegenstand anschaute, äußerlich Farbe wahrnahm, sondern da lebte das Auge in der Farbe drinnen, und das Leben wurde unterhalten durch die Farben, die durch das Auge kamen. Das Auge war eine Art Farbenatmungsorgan. Die Lebensverfassung hing zusammen mit der Beziehung, die man mit der Außenwelt durch das Auge in dem Wahrnehmungsprozeß des Auges einging. Man dehnte sich aus während des Mondes, wurde breit, wenn man ins Blaue hineinkam, man drückte sich zusammen, wenn man sich ins Rot hineinwagte: auseinander – zusammen, auseinander – zusammen. Das hing mit dem Wahrnehmen der Farben zusammen. Und so hatten alle Sinne noch ein lebendigeres Verhältnis zur Außenwelt und zur Innenwelt, wie es heute die Lebensprozesse haben.

Der Ichsinn – wie war er auf dem Monde? Das Ich kam in den Menschen erst auf der Erde hinein, konnte also auf dem Mond gar keinen «Sinn» haben; man konnte kein Ich wahrnehmen, der Ichsinn konnte überhaupt noch nicht da sein – Auch das Denken, wie wir es heute wahrnehmen, wie ich es vorher geschildert habe, das lebendige Denken, das ist mit unserem Erdenbewußtsein in Zusammenhang. Der Denksinn, wie er heute ist, war auf dem Monde noch nicht da. Redende Menschen gab es auch nicht. In dem Sinne, wie wir heute die Sprache des andern wahrnehmen, gab es das auf dem Monde noch nicht, es gab also auch den Wortsinn nicht. Das Wort lebte erst als Logos, durchtönend die ganze Welt, und ging auch durch das damalige Menschenwesen hindurch. Es bedeutete etwas für den Menschen, aber der Mensch nahm es noch nicht als Wort wahr am anderen Wesen. Der Gehörsinn war allerdings schon da, aber viel lebendiger, als wir ihn jetzt haben. Jetzt ist er gewissermaßen als Gehörsinn zum Stehen gekommen auf der Erde. Wir bleiben ganz ruhig, in der Regel wenigstens, wenn wir hören. Wenn nicht gerade das Trommelfell platzt durch irgendeinen Ton, wird in unserem Organismus nicht etwas substantiell geändert durch das Hören. Wir in unserem Organismus bleiben stehen; wir nehmen den Ton wahr, das Tönen. So war es nicht während der Mondenzeit. Da kam der Ton heran. Gehört wurde er; aber es war jedes Hören mit einem innerlichen Durchbebtsein verbunden, mit einem Vibrieren im Innern, man machte den Ton lebendig mit. Das, was man das Weltenwort nennt, das machte man auch lebendig mit; aber man nahm es nicht wahr. Man kann also nicht von einem Sinn sprechen, aber der Mondenmensch machte dieses Tönen, das heute dem Hörsinn zugrunde liegt, lebendig mit. Wenn das, was wir heute als Musik hören, auf dem Monde erklungen wäre, so würde nicht nur äußerer Tanz möglich gewesen sein, sondern auch noch innerer Tanz; da hätten sich die inneren Organe alle mit wenigen Ausnahmen so verhalten, wie sich heute mein Kehlkopf und das, was mit ihm zusammenhängt, innerlich bewegend verhält, wenn ich den Ton hindurchsende. Der ganze Mensch war innerlich bebend, harmonisch oder disharmonisch, und wahrnehmend dieses Beben durch den Ton. Also wirklich ein Prozeß, den man wahrnahm, aber den man lebendig mitmachte, ein Lebensprozeß.

Ebenso war der Wärmesinn ein Lebensprozeß. Heute sind wir verhältnismäßig ruhig gegenüber unserer Umgebung: es kommt uns warm oder kalt vor. Wir erleben das zwar leise mit, auf dem Monde aber wurde es so miterlebt, daß immer die ganze Lebensverfassung anders wurde, wenn die Wärme hinauf- oder herunterging. Also ein viel stärkeres Mitleben; wie man mit dem Ton mitbebte, so wärmte und kühlte man im Innern und empfand dieses Wärmen und Kühlen.

Sehsinn, Gesichtssinn: Ich habe schon beschrieben, wie er auf dem Monde war. Man lebte mit den Farben. Gewisse Farben verursachten, daß man seine Gestalt vergrößerte, andere, daß man sie zusammenzog. Heute empfinden wir so etwas höchstens symbolisch. Wir schrumpfen nicht mehr zusammen gegenüber dem Rot und blasen uns nicht mehr auf gegenüber dem Blau; aber auf dem Mond taten wir es. Den Geschmackssinn habe ich schon beschrieben. Geruchssinn war auf dem Monde innig verbunden mit dem Lebensprozesse. Gleichgewichtssinn war auf dem Monde vorhanden, den brauchte man auch schon. Bewegungssinn war sogar viel lebendiger. Heute vibriert man nur wenig, bewegt seine Glieder, es ist alles mehr oder weniger zur Ruhe gekommen, tot geworden. Aber denken Sie, was dieser Bewegungssinn wahrzunehmen hatte, wenn alle diese Bewegungen stattfanden wie das Erbeben durch den Ton. Es wurde der Ton wahrgenommen, mitgebebt, aber dieses innere Beben, das mußte erst wiederum durch den Bewegungssinn wahrgenommen werden, wenn der Mensch es selber hervorrief, und er ahmte nach dasjenige, was der Hörsinn in ihm erweckte.

Lebenssinn: Nun, aus dem, was ich beschrieben habe, können Sie ersehen, daß der Lebenssinn in demselben Sinne, wie er auf der Erde ist, nicht vorhanden gewesen sein kann auf dem Monde. Das Leben muß man viel mehr als ein allgemeines mitgemacht haben. Man lebte viel mehr im Allgemeinen drinnen. Das innere Leben grenzte sich nicht so durch die Haut ab. Man schwamm im Leben drinnen. Indem alle Organe, alle heutigen Sinnesorgane dazumal Lebensorgane waren, brauchte man nicht einen besonderen Lebenssinn, sondern alle waren Lebensorgane und lebten und nahmen sich gewissermaßen selber wahr. Lebenssinn brauchte man nicht auf dem Monde. Der Tastsinn entstand erst mit dem Mineralreich, das Mineralreich ist aber ein Ergebnis der Erdenentwicklung. In demselben Sinne, wie wir auf der Erde den Tastsinn durch das Mineralreich entwickelt haben, gab es ihn auf dem Monde nicht, der hatte dort ebensowenig einen Sinn wie der Lebenssinn.

Zählen wir, wieviel Sinne uns übrigbleiben, die nun in Lebensorgane verwandelt sind: sieben. Das Leben ist immer siebengliedrig. Die fünf, die auf der Erde dazukommen und zwölf machen, weil sie ruhige Bezirke werden, wie die Tierkreisbezirke, die fallen beim Monde weg. Sieben bleiben nur übrig für den Mond, wo die Sinne noch in Bewegung sind, wo sie selber noch lebendig sind. Es gliedert sich also auf dem Mond das Leben, in das die Sinne noch hineingetaucht sind, in sieben Glieder.

Das ist nur ein kleiner elementarer Teil dessen, was man sagen muß, um zu zeigen, daß da nicht Willkür zugrunde liegt, sondern lebendige Beobachtung der übersinnlichen Tatsachenwelt, die während des Erdenseins zunächst nicht in die Sinne der Menschen fällt. Je weiter man vordringt und je weiter man sich wirklich auf die Betrachtung der Weltengeheimnisse einläßt, desto mehr sieht man, wie so etwas nicht eine Spielerei ist, dieses Verhältnis von zwölf zu sieben, sondern wie es wirklich durch alles Sein durchgeht und wie die Tatsache, daß es draußen ausgedrückt werden muß durch das Verhältnis der ruhenden Sternbilder zu den bewegten Planeten, auch ein Ergebnis ist eines Teiles des großen Zahlengeheimnisses im Weltendasein. Und das Verhältnis der Zwölfzahl zur Siebenzahl drückt ein tiefes Geheimnis des Daseins aus, drückt das Geheimnis aus, in dem der Mensch steht als Sinneswesen zum Lebewesen, zu sich als Lebewesen. Die Zwölfzahl enthält das Geheimnis, daß wir ein Ich aufnehmen können. Indem unsere Sinne zwölf geworden sind, zwölf ruhige Bezirke, sind sie die Grundlage des Ich-Bewußtseins der Erde. Indem diese Sinne noch Lebensorgane waren während der Mondenzeit, konnte der Mensch nur den astralischen Leib haben; da waren diese sieben noch Lebensorgane bildenden Sinnesorgane die Grundlage des astralischen Leibes.

Die Siebenzahl wird so geheimnisvoll zugrunde gelegt dem astralischen Leib, wie die Zwölfzahl geheimnisvoll zugrunde liegt der Ich-Natur, dem Ich des Menschen.

Das Wesen des dreigeteilten Menschen. Die zwölf Sinne

Dornach, 25. August 1918

Auf den dreigeteilten Menschen habe ich gestern schematisch hingewiesen. Es ist ja durchaus so, daß aus unserem gegenwärtigen Geistesleben heraus wenig Empfindungen vorhanden sind für das Verständnis des Wesens des Menschen, so wie es erfaßt werden muß vom geisteswissenschaftlichen Standpunkte. Allein, wir müssen uns doch bemühen, an dieses Menschenwesen heranzukommen. Die wichtigsten Vorstellungen, die man auch über das Gesamtleben des Menschen gewinnen muß, über die Entwicklung des Menschen zwischen dem Tode und einer neuen Geburt, auch sie sind nur zu beherrschen, wenn man ausgeht von einem solchen Verständnisse, das an diesen dreigeteilten Menschen anknüpft. Betrachten wir für heute einmal im einzelnen diesen dreigeteilten Menschen.

Es wurde ja schon gestern darauf aufmerksam gemacht, daß wir da zunächst auf das Haupt des Menschen hinweisen können. In einem gewissen Sinne ist dieses Haupt des Menschen wirklich eine Art selbständige Formwesenheit. Sie können sich ja selber hinstellen vor ein Menschenskelett, und Sie können leicht das Haupt abheben. Wie eine Kugel können Sie es abheben. In Wirklichkeit ist allerdings die Trennung zwischen den drei Gliedern der menschlichen Natur nicht so einfach, daß man sagen könnte: Dasjenige, was man da vom übrigen Skelett so bequem abhebt wie eine Kugel, das ist dieser Hauptesteil. – So streng sind die Dinge nicht geschieden. Aber man muß sich ja allmählich herausarbeiten aus dem bloßen

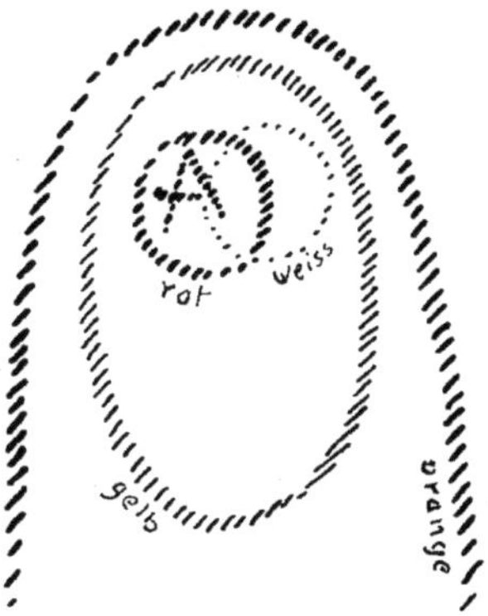

Schematismus, auch aus dem, den einem die Natur selbst nahelegt, zu einer lebendigen Empfindung. Und ich mußte ja gestern schon, wie Sie gesehen haben, nicht etwa drei nebeneinanderliegende Kreise aufzeichnen, sondern einen Kreis für das Haupt, einen zweiten Kreis, der dieses Haupt übergriff, und einen dritten Kreis, der wiederum beide übergriff. So daß, wenn man schematisch den dreigeteilten Menschen zeichnen würde nach seiner physischen Wesenheit, man eben ihn so zu zeichnen haben würde, daß man sagt: Der Hauptesteil (siehe Zeichnung roter Kreis A), der Rumpfteil (oval, gelb) und dann der Gliedmaßenteil (orange) – eigentlich drei Kugeln, wenn auch diese Kugeln in die Länge gezogen werden müssen. Mit dem Hauptesteil, also mit dem, was hier als roter Kreis A bezeichnet worden ist, mit diesem Hauptesteil steht das Geistige, das, wie Sie gestern gesehen haben, eine junge Bildung ist, im Zusammenhange (hellschraffierter kleiner Kreis, weiß). Dieses Geistige des Hauptes, das ist eine junge geistige Bildung, während das Haupt selbst eine alte physische Bildung, eine physische Formwesenheit ist. Bei dem Haupte ist daher vor allen Dingen richtig, was man sonst im allgemeinen für den

Menschen anführt, was aber in dieser Allgemeinheit, wie man es anführt, nicht ganz richtig ist; für das Haupt ist es richtig. Was ich hier als Weißes, Geistiges bezeichnet habe in bezug auf das Haupt, das ist, wenn Sie schlafen, heraußen aus dem Haupte. Wenn Sie wachen, ist es mit dem Haupte vereinigt, ist zum größten Teile im physischen Haupte drinnen. Es kann sich also am leichtesten vom physischen Haupte trennen; es geht heraus und geht wiederum zurück, hinein.

Das ist schon durchaus nicht so für den mittleren Menschen, nennen wir ihn meinetwillen den Brustmenschen. Alles dasjenige, was vom Thorax, vom Brustkorbe eingeschlossen ist, von den Rippen und vom Rückgrat, das ist mit dem Geistigen verbunden, aber es ist nicht so ausgesprochen das Geistige heraußen, wenn Sie schlafen. Das Geistige steht schon auch während des Schlafens für diesen mittleren Menschen in einer starken Verbindung mit dem Physischen. Und für den dritten Menschen, für den Gliedmaßenmenschen, wozu auch der sexuelle Mensch gehört, da ist eigentlich praktisch eine Trennung zwischen Schlafen und Wachen in Wirklichkeit doch nicht vorhanden. Da kann man gar nicht sagen, daß wirklich das Geistig-Seelische im Schlafe sich trennt; die bleiben mehr oder weniger auch im Schlafe vereint. So daß man nach einem anderen Schema den wachenden Menschen gut so zeichnen könnte, daß man sagte: Wenn das der physische Mensch ist, wachend (siehe Zeichnung a, dunkel schraffiert, rot), so würde dieses der geistige Mensch sein (hell schraffiert, weiß). Das würde der schlafende Mensch sein (siehe Zeichnung b, rot und weiß); es bliebe also dieses mehr oder weniger mit dem Leiblichen vereint, und nur das geht eigentlich heraus (siehe Zeichnung b). Das würde von einem gewissen Gesichtspunkt aus die eigentliche Zeichnung sein für den Gegensatz des wachenden und schlafenden Menschen.

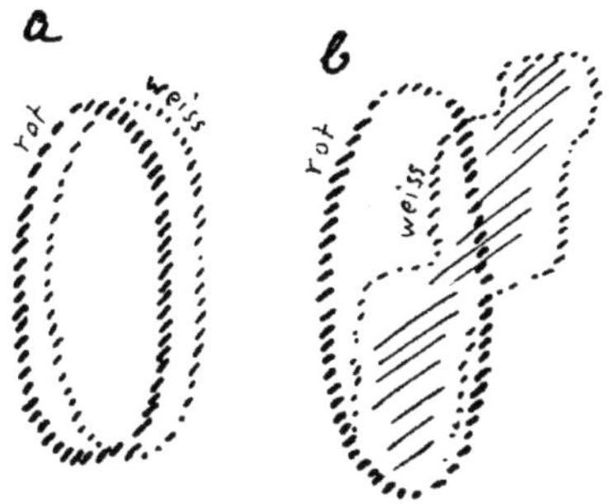

Nun werden Sie die wichtigen Dinge, die wir zu besprechen haben, nur dann verstehen, wenn Sie diese Gliederung des dreigeteilten Menschen, die wir eben besprochen haben, für sich durchkreuzen mit einer andern Gliederung des Menschen, die anknüpft an dasjenige, was ich die vorige Woche hier auseinandergesetzt habe.

Wenn wir so noch einmal das Haupt, den Rumpfmenschen, den Gliedmaßenmenschen durchsprechen, so können wir ja sagen: Im eigentlichsten Sinne Mensch ist nur der Rumpfmensch. Der ist daher auch derjenige, dem der lebendige Odem eingehaucht ist durch die Elohim. Er ist der atmende Mensch. Da ist die Teilung nicht so ganz bequem wie beim Skelett; der Atmungsvorgang durch Nase und Mund gehört schon zum Rumpfmenschen. Also, nicht wahr, es ist die Teilung in Wirklichkeit nicht so schematisch bequem zu machen, wie man es sich gern aufzeichnen möchte, aber das sind ja natürlich die Schwierigkeiten des Verständnisses für eine solche Sache.

Also der eigentliche Mensch, der *Erdenmensch*, ist der Rumpfmensch. Und der *Kopfmensch*, als physische Gestaltung, das ist eigentlich nicht etwas durch und durch Menschliches. Man kann nicht sagen, daß der Menschenkopf etwas durch und durch Menschliches ist. Der Menschenkopf hat eben sehr viel

Ahrimanisches in sich. Er ist im wesentlichen so gegliedert, wie er gegliedert ist, aus dem Grunde, weil gewisse Bildungsprinzipien in ihm namentlich diejenigen sind, die noch von der alten Sonne, also von diesem zweiten Erdenstadium – Saturn, Sonne –, zurückgeblieben sind. Unser Haupt mit seiner ganzen komplizierten Bildung wäre nicht so, wie es ist, wenn es nicht seine erste Bildung bekommen hätte in diesen uralten Zeiten der alten Sonne. Und es sind also eigentlich alte, uralte Bildungsprinzipien, die heute hereinragen in die Erdensphäre und die wir aus diesem Grunde als ahrimanische bezeichnen müssen. Zurückgebliebene Prinzipien müssen wir ja immer als luziferische oder ahrimanische, je nach den Gesichtspunkten, ansehen. Dasjenige, was den Menschen als Erdenmenschen ausmacht, wo die Prinzipien des Erdenwerdens hauptsächlich spielen, das ist der Brust-, der Rumpfmensch.

Der Gliedmaßenmensch ist auch nicht rein der Mensch, sondern der hat sehr viel *Luziferisches* in sich, und seine Bildungsprinzipien sind eigentlich noch nicht volle Bildungsprinzipien, sondern sie sind solche, welche ihre volle Ausgestaltung erst haben werden, wenn die Erde ins Venusstadium gekommen sein wird, wenn also das Jupiterstadium vorausgegangen und im Übergange sein wird in das Venusstadium. Dann werden die Bildungsprinzipien, die heute, ich möchte sagen, noch diesen Schatten von einem Wesen ausbilden, der der Extremitätenmensch ist, dieses dritte menschliche Wesen, in ihrer vollen Intensität, in ihrer richtigen Gestalt wirken: wenn die Venuszeit da sein wird. Also das nimmt der Mensch voraus, was in der Venuszeit erst da sein wird und bildet es heute unvollkommen, keimhaft, läßt es nicht über das Keimhafte hinauskommen.

So ist die Sache kosmisch betrachtet. Kosmisch betrachtet also sind wir in unserer Gestaltung so, daß wir in unserem Haupte gewissermaßen nach den Kräften die alte Sonnenzeit wiederholen, in unserer Brust das Erdenwerden tragen; indem wir Extremitätenmenschen sind, tragen wir die Keime zum Venuswerden in uns. Das ist kosmisch betrachtet.

Humanistisch betrachtet ist es etwas anderes. Da müssen wir auf die menschliche Individualität sehen, wie diese menschliche Individualität von Inkarnation zu Inkarnation schreitet. Da müssen wir sagen: Was wir heute in dieser Inkarnation als Haupt an uns tragen, das hat sich verwandt erwiesen unserer vorigen Inkarnation; dasjenige, was wir jetzt als Brustmenschen in uns tragen, das ist eigentlich rein verwandt unserer gegenwärtigen Inkarnation; und dasjenige, was wir als Extremitätenmensch in uns tragen, das wird ja Haupt in der nächsten Inkarnation, das ist verwandt schon mit der nächsten Inkarnation. Ich habe Ihnen in der vorigen Woche gesagt: Das Haupt hat etwas Verräterisches, insbesondere in seinem Negativ. Wenn Sie einen Abdruck nehmen würden von der Physiognomie des Hauptes und diese Physiognomie anschauen würden, so würden Sie in dieser negativen Physiognomie Ihres Hauptes viel von dem erkennen, was Sie in einer vorigen Inkarnation angestellt haben.

Umgekehrt ist es mit dem Extremitätenmenschen. Da können Sie aber nicht einen Abdruck nehmen, sondern da müssen Sie anders vorgehen. Denken Sie sich vom Menschen das Haupt und den Rumpfmenschen weg, aber denken Sie sich alles das, was nun Ihre Hände und Beine tun, machen Sie sich ein Bild von dem, was Ihre Hände und Beine tun. Sie müssen sich da eine Art Landkarte machen. Nicht wahr, jedesmal, wenn Sie mit Ihren Händen das oder jenes tun, geschieht es ja an einem andern Ort. Sie gehen ja außerdem herum, Sie kommen in Beziehung zu andern Wesen. Wenn Sie das alles malen würden, was Ihre Hände und Beine tun, und ein Bild im Laufe Ihres Lebens entwerfen würden – es würde ein sehr bewegtes Bild werden – von dem, was Ihre Hände und Füße,

Arme und Beine tun, dann würden Sie in dieser Zeichnung eine komplizierte Landkarte erblicken; aus der würden Sie viel von dem verraten bekommen, was Ihnen karmisch aufbewahrt ist für Ihre nächste Inkarnation. Darinnen würden Sie viel ablesen können von dem Karma der nächsten Inkarnation. Es ist durchaus bedeutsam: So wie der Negativabdruck der Physiognomie in seiner Ruhe, in seiner festen, konturierten Zeichnung verräterisch ist für das, was in der vorigen Inkarnation schon geschehen ist, so würde dasjenige, was man abpunktieren könnte von dem, wie sich Arme, Hände, Beine, Füße verhalten, außerordentlich instruktiv sein für das, was der Mensch in der nächsten Inkarnation ausführen wird. Namentlich ist es auch instruktiv für das, was der Mensch in der nächsten Inkarnation ausführt, wohin er geht, wohin ihn seine Beine tragen. Wenn Sie alle die Orte, wenn Sie einfach den Weg verfolgen würden, wohin Sie Ihre Beine tragen, so würde da eine Landkarte daraus werden. Sie würden merkwürdige Figuren bekommen. Nicht ganz ohne Einfluß sind die Neigungen der Menschen auf diese Figuren. Es spricht sich viel von den geheimen Neigungen in diesen Figuren aus. Die sind sehr verräterisch, diese Spuren, die da bleiben, für dasjenige, was die nächste Inkarnation dem Menschen bringt. Also das wäre humanistisch betrachtet. Das andere war kosmisch betrachtet.

Diese Gliederung des Menschen, die, ich möchte sagen, abzielt auf die Gegenwart, bedeutet aber wiederum eine Verbindung mit den Geheimnissen der alten Mysterien, in denen man mehr atavistisch die Sache gewußt hat, aber in denen man solche Geheimnisse, wie sie jetzt eben angeführt worden sind, schon gekannt hat. Es gibt eine schöne Sage, anknüpfend an den König Salomo, über die Bestimmtheit, mit welcher der Mensch seine Füße dorthin setzt, wo er seinen Tod finden soll. Gleichsam ist der Sinn dieser Sage, daß ein bestimmter Ort auf der Erde ist, wo der Mensch seinen Tod finden soll – Sie werden einen Zweigvortrag finden, wo ich gerade über diese Salomo-Sage vorgetragen habe –, dahin setzt der Mensch dann seine Füße. Das hängt zusammen mit dem alten Mysterienwissen von diesen Dingen.

Nun, der Mensch hat ja eigentlich, wenn er so im allgemeinen lebt, nur sein gewöhnliches Bewußtsein; aber er ist, wie Sie sehen, ein recht kompliziertes Wesen, der Mensch. Wenn er wachend ist, wenn er sein jüngstes geistiges Glied, das Haupt, in seinem physischen Haupte drinnen hat, dann weiß er ja nichts von seinem Haupte. Sie werden mit Recht sagen: Gott sei Dank, daß man nichts vom Haupte weiß; denn weiß man vom Haupte, so ist es nur der Kopfschmerz. – Auf eine andere Weise wird sich der Mensch seines Hauptes nicht bewußt, als wenn er Kopfschmerz kriegt; dann weiß er, daß er ein Haupt hat. Sonst bleibt das unbewußt, im eminentesten Sinne unbewußt, viel unbewußter, als ein übriges Glied des menschlichen physischen Leibes. Der Mensch darf ganz froh sein, wenn er im normalen Bewußtsein von seinem Haupte nichts weiß. Aber unter diesem Bewußtsein des Hauptes, das gewöhnlich eigentlich nur von der Außenwelt Kenntnis nimmt, das nur darauf ausgeht, zu wissen von dem, was in der Umgebung ist, unter diesem Wissen ruht ein anderes, eine Art Traumbewußtsein, ein Traumeswissen. Ihr Haupt träumt fortwährend. Und während Sie von der Außenwelt wissen in der Art, wie Ihnen das wohl bekannt ist, träumen Sie eigentlich unter der Schwelle des Bewußtseins, im Unterbewußtsein, fortwährend. Und was Sie da träumen, dieses Träumen im Haupte, wenn Sie es voll auffassen könnten, wenn Sie es ganz in das Bewußtsein hereinbringen könnten, so würde Ihnen das ein Bild geben, ein richtiges, zusammenfassendes Bild Ihrer vorigen Inkarnation. Denn Ihre vorige Inkarnation träumen Sie unterbewußt in Ihrem

Haupte. Das ist schon so. Es ist immer ein leises Bewußtsein vorhanden, das nur übertäubt ist von dem stärkeren Lichte des gewöhnlichen Bewußtseins, ein träumendes Bewußtsein von der vorigen Inkarnation.

Mit dem Jahre 747 vor dem Mysterium von Golgatha ist das äußere Bewußtsein so stark geworden, daß nach und nach dieses Unterbewußtsein der vorigen Inkarnation völlig ausgelöscht worden ist. Aber vor diesem Jahre 747 hat man viel gewußt von diesem Traumesbewußtsein des Hauptes. Daher finden Sie auch überall auf dem Grunde der alten Kulturen die wiederholten Erdenleben als eine Tatsache angeführt. Das rührt einfach davon her, daß dazumal dieses Unterbewußtsein des Hauptes noch nicht völlig in den Hintergrund getreten war wie jetzt, wie das geschehen ist durch den vierten, namentlich durch den fünften nachatlantischen Zeitraum.

Von dem, was seelisch-geistig mit dem Brustkorb und dem Rumpf des Menschen zusammenhängt, wissen Sie ja auch im gewöhnlichen Bewußtsein sehr wenig. Das ist schon an sich ein Traumhaftes. Es schlägt nur manchmal, und dann sehr chaotisch, unregelmäßig, dieses Rumpf- und Brustkorbbewußtsein in das Bewußtsein des Menschen im Traume herauf. Wenn der Mensch regelmäßig atmen kann, wenn sein Herzschlag regelmäßig ist, also wenn alle seine Funktionen des Brustkorbes und Rumpfes regelmäßig sind, so verläuft das Bewußtsein des Rumpfes nicht so hell wie das Kopfbewußtsein, sondern es verläuft auch im gewöhnlichen Leben traumhaft. Man träumt im Gefühle – ich habe das im vorigen Jahr hier ausgeführt – von diesem mittleren Menschen. Aber dieses, was da im Gefühle liegt, was der Mensch nur im Gefühle erlebt, wenn es heraufgeholt wird durch ein mehr hellseherisch werdendes Bewußtsein, wenn mit andern Worten der Mensch das, was in seinem Brustkorb sich unterbewußt abspielt, ebenso zu überschauen lernt, wie er sonst im wachen Zustande nur das überschaut, was in seinem Hauptesbewußtsein ist, ja, dann teilt sich dieses Rumpf- und Brustkorbbewußtsein deutlich in zwei Teile. Der eine Teil träumt zurück in die ganze Zeit zwischen dem vorigen Tod und der jetzigen Geburt oder Empfängnis. Also während Sie traumhaft, in sehr tiefen Träumen in Ihrem Hauptesbewußtsein unterbewußt haben dasjenige, was in der vorigen Inkarnation war, haben Sie das, was seit der vorigen Inkarnation bis zu der jetzigen Geburt in der Zwischenzeit verflossen ist, in den Träumen des Brustkorbes. Und in den Träumen, die mehr nach den unteren Partien des Brustkorbes gelegen sind, haben Sie ein starkes Bewußtsein von dem, was zwischen Ihrem kommenden Tode und dem nächsten Erdenleben ist. Also das Bewußtsein, das im Brustkorb konzentriert ist, das aber mehr oder weniger unterbewußt bleibt für den gegenwärtigen Menschen, das ist eigentlich ein traumhaftes Bewußtsein sowohl für die Zeit vor dieser Geburt wie für die Zeit nach diesem Tode. Was zwischen unserem letzten Erdentode und unserer nächsten Erdenempfängnis liegt, mit Ausnahme desjenigen oder auch mit Einschluß desjenigen, was wir jetzt erleben zwischen Geburt und Tod, das enträtselt sich für dieses Unterbewußtsein des mittleren Menschen.

Und in demjenigen, was recht sehr stark durch das ganze Leben hindurch unterbewußt bleibt, was nur heraufgezogen werden kann, wenn der Mensch imstande ist, es durch immerwährendes Sich-Beschäftigen mit geisteswissenschaftlichen Studien und Übungen heraufzuziehen, so daß gewisse Momente des Schlaflebens, die sonst eben schlafend, unbewußt vor sich gehen, heraufgehoben werden und der Mensch mitten aus dem Schlaf heraus bewußt wird, da kann sich das Tableau von der nächsten Erdeninkarnation aus diesem dritten Menschen, aus dem Unterbewußtsein des Extremitätenmenschen heraus entwickeln. Dasjenige, was der Mensch als sein gewöhnliches, heute wachendes Bewußtsein hat, ist eigentlich eine Art Seitentrieb des Menschen; das strahlt in das Haupt herein von außen. Aber hinter diesem Bewußtsein liegt ein anderes Bewußtsein, das sich verbreitet über die vorige Inkarnation, über das Leben von der vorigen Inkarnation bis zu dieser, über das Leben von dieser Inkarnation bis zur nächsten, und dann wiederum über die nächste Inkarnation. Nur verschläft der Mensch dieses Bewußtsein.

Es ist das Bewußtsein der vorigen Inkarnation im Haupte. In all den Organen, die vorzugsweise dem Ausatmen dienen, wirkt ein starkes Bewußtsein für das Leben zwischen der vorigen Inkarnation und dieser. In all den Funktionen, die vorzugsweise dem Einatmen dienen, wirkt ein Bewußtsein von der jetzigen Inkarnation bis zur nächsten Erdeninkarnation. Und in dem Gliedmaßenmenschen, in all den geheimnisvollen Vorgängen des Gliedmaßenmenschen wirkt ein sehr, sehr unterbewußt bleibendes Bewußtsein der nächsten menschlichen Inkarnation.

Diese Bewußtseine sind mehr oder weniger verdeckt worden seit dem Beginn der vierten nachatlantischen Zeit, seit 747 vor dem Mysterium von Golgatha. Und der Beruf unserer Zeit ist wiederum, aus dem allgemeinen chaotischen Menschenbewußtsein heraus die bestimmten Bewußtseine von diesen konkreten Vorgängen der kosmischen und der Menschheitsevolution herauszuholen.

Mit alldem, was ich jetzt entwickelt habe, muß sich eine andere Einsicht in die Menschenwesenheit, ich möchte sagen, kreuzen. Ja, es ist schon notwendig, daß wir uns in so schwierige Erörterungen einlassen, wir kommen sonst nicht zum genaueren Verständnisse. Ich hätte ja so gerne, wenn für diese schwierigen Erörterungen nicht nur ein gewisses

Über-sich-Ergehen-Lassen waltete, sondern wenn gerade für diese schwierigen Dinge – weil das der gegenwärtigen Menschheit so notwendig wäre – ein bißchen Enthusiasmus, ein bißchen temperamentvolles Eingehen aufzubringen wäre, was ja in einer Gesellschaft der heutigen Zeit so unendlich schwierig ist.

Sehen Sie, Sie richten Ihre Sinne nach außen. Da finden Sie durch Ihre Sinne die Außenwelt als eine sinnenfällige ausgebreitet. Ich zeichne das schematisch, was da nach außen als sinnenfällig ausgebreitet um uns herum liegt. Bitte, es soll das, was da außen herum liegt, dieses (siehe Zeichnung, blau) sein. Wenn Sie Ihre Augen, Ihre Ohren, wenn Sie Ihren Geruchssinn, was Sie wollen, auf die Außenwelt richten, so wendet sich Ihnen gewissermaßen entgegen, es wendet sich diesen Sinnen entgegen dasjenige, was die Innenseite dieses Außen ist – also bitte: die Innenseite dieses Außen (links). Nehmen Sie an, Sie wenden Ihre Sinne dem zu, was ich da gezeichnet habe (siehe Zeichnung, Pfeile), so sind diese Sinne auf diese Außenwelt gerichtet, und Sie sehen das, was sich innen hier hineinneigt. Nun folgt die schwierige Vorstellung, auf die ich aber schon kommen muß. Alles das, was Sie da anschauen, zeigt sich Ihnen von innen. Denken Sie sich, daß das auch eine Außenseite haben muß. Nun, ich will es schematisch dadurch vor Ihre Seele rufen, daß ich sage: Wenn Sie so hinausschauen, sehen Sie als Grenze Ihres Schauens das Firmament: das hier ist ja fast so, nur daß ich es klein gezeichnet habe. Aber jetzt denken Sie sich, Sie könnten flugs da hinausfliegen und könnten da durchfliegen und von der andern Seite gucken, Ihre sinnenfälligen Eindrücke von der andern Seite angucken. Also Sie könnten so hinschauen (siehe Zeichnung, Pfeile oben). Bitte, das sehen Sie natürlich nicht; aber könnten Sie so hinschauen, so würde das der andere Aspekt sein. Sie würden aus sich heraus müssen

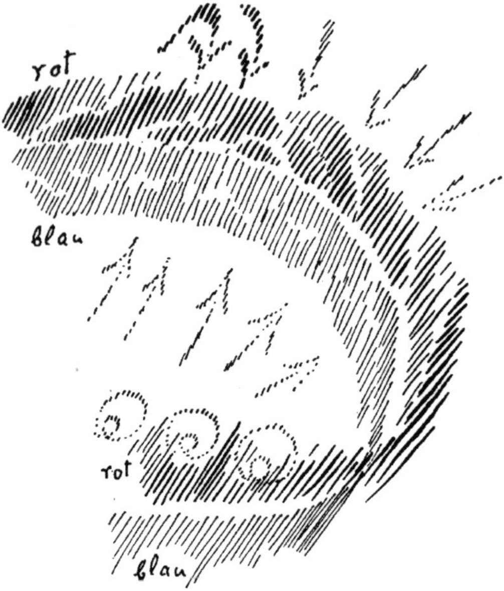

und würden von der andern Seite Ihre ganze sinnenfällige Welt anschauen müssen. Sie würden also das, was sich Ihnen als Farbe zuwendet, von der Rückseite betrachten, das, was sich Ihnen als Ton zuwendet, von der Rückseite betrachten und so weiter; was sich Ihnen als Geruch zuwendet, würden Sie von der Rückseite betrachten, Sie würden von der Rückseite den Geruch in die Nase fassen. Also von der andern Seite denken Sie sich die Weltbetrachtung: wie einen Teppich ausgebreitet die sinnenfälligen Dinge, und nun den Teppich von der andern Seite einmal angesehen. Ein kleines Stück sehen Sie nur, ein sehr, sehr kleines Stück von dieser Rückseite. Dieses sehr kleine Stück, das kann ich hier nur dadurch zur Darstellung bringen, daß ich die Sache so mache: Denken Sie sich jetzt, ich zeichne das, was Sie da von der andern Seite sehen würden, rot ein; so daß ich sagen kann, schematisch sieht man das Sinnenfällige so: Wie man es gewöhnlich sieht, so sieht es blau aus; sieht man es von der andern Seite, so sieht es rot aus, aber das sieht man natürlich nicht. In diesem, was man da rot sehen würde, steckt erstens alles das drin, was erlebt werden kann zwischen dem Tod und einer neuen Geburt, zweitens alles das, was beschrieben ist in der «Geheimwissenschaft im Umriß» als Saturn-, Sonnen, Monden-, Erdenentwicklung und so weiter. Dasjenige liegt da aufgespeichert, was eben verborgen ist für die sinnenfällige Anschauung. Das ist da auf der andern Seite der Kugel. Aber ein kleines Stück sehen Sie davon; das kann ich nur so zeichnen, daß ich jetzt sage: Nehmen Sie dieses kleine Stück von dem Roten, das ginge da herüber (siehe Zeichnung, unten) und durchkreuzt sich mit dem Blauen, so daß das Blaue, statt daß es jetzt vorne ist, dahinter ist. Ich müßte eigentlich hier vierdimensional zeichnen, wenn ich es *wirklich* zeichnen würde, ich kann es daher nur ganz schematisch zeichnen. Also *da* (links) sind die Sinne jetzt hier dem Blauen zugewendet; *da* sind sie nicht zugewendet dem Blauen, sondern dem Roten, das Sie sonst nicht sehen. Aber hinter dem Rot hat sich jetzt gekreuzt das, was sonst gesehen wird, und das ist jetzt darunter. Und dieses kleine Stück, das da sich kreuzt mit dem andern, das sehen Sie fortwährend im gewöhnlichen Bewußtsein. Das sind nämlich Ihre aufgespeicherten Erinnerungen. Alles, was als Erinnerung entsteht, entsteht nicht nach Gesetzen dieser äußeren Wahrnehmungswelt, sondern es entsteht nach den Gesetzen, die dieser hinteren Welt da entsprechen. Dieses Innere, das Sie als Ihre Erinnerungen haben, das entspricht wirklich dem, was da auf der andern Seite ist (rechts). Indem Sie in sich hineinblicken, in alles das, was Ihre Erinnerungen sind, sehen Sie tatsächlich die Welt auf einem Stück von der andern Seite; da ragt das andere ein wenig herein, da sehen Sie die Welt von der andern Seite. Und wenn Sie jetzt durch Ihre Erinnerungen, wie sie so aufgeschrieben sind, durchschlüpfen könnten – ich habe vor acht Tagen davon gesprochen –, wenn Sie da hinunter könnten, unter Ihre Erinnerungen sehen und sie von der andern Seite anschauen könnten, von da drüben (siehe Zeichnung, links), da würden Sie die Erinnerungen als Ihre Aura sehen. Da würden Sie den Menschen sehen als ein geistig-seelisches aurisches Wesen, wie Sie sonst die äußere Welt sinnenfällig in den Wahrnehmungen sehen. Nur wäre es ebensowenig angenehm – wie ich das vor acht Tagen hier charakterisiert habe –, weil da der Mensch noch nicht schön ist von dieser andern Seite.

Also das ist das Interessante, was man kreuzen muß mit dem andern Verständnis des dreigliedrigen Menschen. Diese Kreuzung hier, die liegt nun im mittleren Menschen, im Brustmenschen. Sie erinnern sich an die Zeichnung, die ich vor acht Tagen gemacht habe, wo ich ja die in sich gewundenen Lemniskaten mit den zurückgeschlagenen Schleifen hatte: die müßte ich hier zeichnen. Hier müßte ich diesen Brustmenschen zeichnen mit den zurückgeschlagenen Lemniskaten (siehe Zeichnung Seite 130, links unten): Das würde zusammenfallen mit der Erinnerungssphäre. So daß dieser dreigliedrige Mensch hier in seinem mittleren Teil diese Umwendung des Menschen hat, wo das Innere äußerlich und das Äußere innerlich wird, wo Sie ein Tableau, das Sie sonst als Welttableau, als die große Welterinnerung sehen würden, nun als Ihre eigene kleine mikrokosmische Erinnerung sehen. Sie sehen in Ihrem gewöhnlichen Bewußtsein dasjenige, was sich zugetragen hat von Ihrem dritten Jahre an bis jetzt: das ist eine innere Aufzeichnung, ein kleines Stück für das, was gleichartig mit dem ist, was sonst Aufzeichnung für die ganze Weltenevolution ist, was auf der andern Seite liegt.

Nicht ohne Grund habe ich seinerzeit, wie den meisten

von Ihnen wohl bekannt sein wird, davon gesprochen – und ich habe es ja wiederum ausgeführt in meinem letzten Buche *Von Seelenrätseln* am Schluß in der Anmerkung –, nicht ohne Grund habe ich davon gesprochen, daß der Mensch eigentlich zwölf Sinne hat. Diese Sinne müssen wir uns so denken, daß eine Anzahl von diesen zwölf Sinnen nach dem Sinnenfälligen zugewendet ist, eine andere Anzahl von diesen zwölf Sinnen ist aber nach rückwärts gerichtet. Sie sind auch da unten (siehe Zeichnung Seite 130) nach dem gerichtet, was schon das Gewendete ist. Und zwar sind nach dem äußeren Sinnenfälligen gerichtet: Ichsinn, Denksinn, Sprachsinn, Hörsinn, Sehsinn, Geschmackssinn, Geruchssinn. Diese Sinne sind gerichtet nach dem Sinnenfälligen. Die andern Sinne kommen ja eigentlich dem Menschen deshalb nicht zum Bewußtsein, weil sie zunächst nach seinem eigenen Inneren und dann nach dem Umgekehrten der Welt gerichtet sind. Das sind vorzugsweise: Wärmesinn, Lebenssinn, Gleichgewichtssinn, Bewegungssinn, Tastsinn. So daß wir sagen können: Für das gewöhnliche Bewußtsein liegen sieben Sinne im Hellen (oben) und fünf Sinne im Dunkeln (unten). Und diese fünf Sinne, die im Dunkeln liegen, die sind der andern Seite der Welt zugewendet, auch im Menschen der andern Seite (siehe Zeichnung Seite 130).

Sie können daher einen vollständigen Parallelismus haben zwischen den Sinnen und zwischen etwas anderem, wovon wir gleich sprechen werden (siehe Zeichnung S. 134). Also nehmen wir an, wir hätten als Sinne zu verzeichnen den Hörsinn, den Sprachsinn, den Denksinn, den Ichsinn, den Wärmesinn, den Lebenssinn, den Gleichgewichtssinn, den Bewegungssinn, den Tastsinn, den Geruchssinn, den Geschmackssinn, den Sehsinn, so haben Sie im wesentlichen alles dasjenige, was vom Ichsinn geht bis zum Geruchssinn, im Hellen liegend, in dem, was dem gewöhnlichen Bewußtsein zugänglich ist (siehe

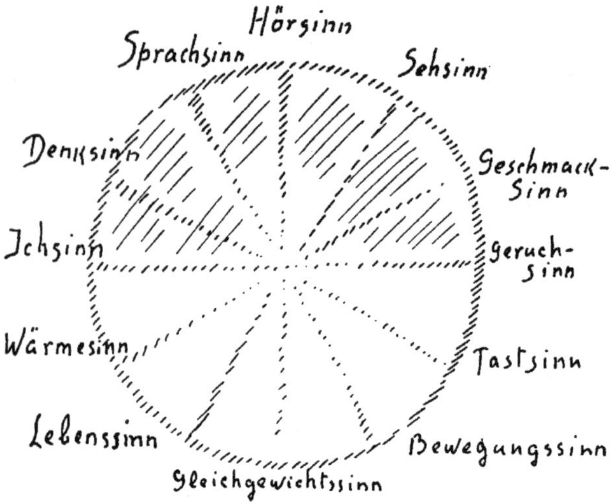

Zeichnung, schraffiert). Und alles dasjenige, was abgewendet ist vom gewöhnlichen Bewußtsein, so wie die Nacht vom Tag abgekehrt ist, das gehört den andern Sinnen an.

Es ist natürlich die Grenze auch wiederum nur schematisiert; es fällt etwas ineinander; es sind die Wirklichkeiten nicht so bequem. Aber diese Gliederung des Menschen nach den Sinnen ist so, daß Sie schon im Schema an die Stelle der Sinne nur zu zeichnen brauchen die Himmelszeichen, so haben Sie: Widder, Stier, Zwillinge, Krebs, Löwe, Jungfrau, Waage – sieben Himmelszeichen für die helle Seite; fünf für die dunkle Seite: Skorpion, Schütze, Steinbock, Wassermann, Fische: Tag, Nacht; Nacht, Tag. Und Sie haben einen vollständigen Parallelismus zwischen dem mikrokosmischen Menschen – dem, was zugewendet ist seinen Sinnen, und dem, was abgewendet ist, aber eigentlich zugewendet ist seinen unteren Sinnen – und zwischen dem, was im äußeren Kosmos den Wechsel bedeutet von Tag und Nacht. Es geht gewissermaßen im Menschen dasselbe vor, was im Weltengebäude vorgeht. Im Weltengebäude wechseln Tag und Nacht, im Menschen wechselt auch Tag und Nacht, nämlich Wachen und Schlafen, wenn sich auch beide voneinander emanzipiert haben für den gegenwärtigen Bewußtseinszyklus des Menschen. Während des Tages ist der Mensch zugewendet den Tagessinnen; wir können ebensogut sagen: Widder, Stier, Zwillinge, Krebs, Löwe, Jungfrau, Waage, wie wir sagen könnten: Ichsinn, Denksinn, Sprachsinn und so weiter. Sie können jedes Ich eines andern Menschen sehen, Sie können die Gedanken des andern Menschen verstehen, Sie können hören, sehen, schmecken, riechen: das sind die Tagessinne. In der Nacht ist der Mensch so, wie sonst die Erde nach der andern Seite gewendet ist, den andern Sinnen zugewendet, nur sind diese noch nicht voll entwickelt. Sie werden erst nach der Venuszeit so voll entwickelt sein, daß sie wahrnehmen können, was da nach der andern Seite ist. Sie sind noch nicht so voll entwickelt, daß sie das wahrnehmen können, was da nach der andern Seite ist. Sie sind in Nacht gehüllt, wie beim Durchgang durch die andern Himmelsregionen, die andern Bilder des Tierkreises, die Erde in der Nacht ist. Das Durchschreiten des Menschen durch seine Sinne ist ganz zu parallelisieren mit dem Gang, ob Sie nun sagen, der Sonne um die Erde oder der Erde um die Sonne, das ist ja schließlich für diesen Zweck gleichgültig; aber diese Dinge hängen zusammen. Und diese Zusammenhänge kannten die Weisen der alten Mysterien sehr gut.

Das verschwand für das Bewußtsein eben allmählich in der vierten nachatlantischen Zeit, aber es muß wieder heraufgeholt werden, muß auch gegen die Widerstände, die sich dagegen erheben, wiederum heraufgeholt werden für die Menschheitskultur. Denn in den Begriffen, die man sich da aneignet, liegt dasjenige, was einem auch verständlich erscheinen läßt, was nun im sozialen, im geschichtlichen Leben vor sich geht.

Solange Sie Naturleben und geistiges Leben in der Art trennen, wie das die moderne Menschheit heute liebt, so lange kommen Sie nicht zu solchen Begriffen, die im geschichtlichen Werden eine Rolle spielen könnten, sondern Sie werden überwältigt von den Begriffen, die im geschichtlichen Leben eine Rolle spielen. Überwältigt werden Sie.

Die zwölf Sinne des Menschen in ihrer Beziehung zur Imagination, Inspiration und Intuition

Dornach, 8. August 1920

Ich möchte heute einiges von dem in diesen Tagen Besprochenen dadurch vertiefen, daß ich an ein älteres Thema anknüpfe, welches eine Anzahl von Ihnen bereits kennen wird. Ich habe einmal vor Jahren über die Charakteristik der Gesamtsinnenwelt des Menschen gesprochen. Sie wissen ja, daß, wenn man von den Sinnen spricht, man in gebräuchlicher Art den Gesichtssinn, den Gehörsinn, den Geruchssinn, den Geschmackssinn und den Tastsinn aufzählt. In der letzteren Zeit sind allerdings auch einige Wissenschaftler veranlaßt worden, von andern, sozusagen mehr nach dem Inneren des Menschen hin gelegenen Sinnen zu sprechen, von einem Gleichgewichtssinn und so weiter. Aber dieser ganzen Anschauung von den menschlichen Sinnen fehlt einerseits der Zusammenhang und fehlt andererseits vor allen Dingen das in sich Geschlossene. Man hat es eigentlich immer nur mit einem Teil der menschlichen Sinnesorganisation zu tun, wenn man die gebräuchlich aufgezählten Sinne ins Auge faßt. Vollständig hat man die Sinnesorganisation des Menschen erst erschöpft, wenn man zwölf Sinne ins Auge faßt. Diese zwölf Sinne wollen wir uns heute einmal zunächst, ich möchte sagen, nur aufzählend und in kurzer Charakteristik vor Augen führen.

Man kann die Aufzählung und Charakteristik der Sinne irgendwo beginnen. Beginnen wir also zum Beispiel damit, daß wir den Sehsinn betrachten. Wir wollen zunächst ganz äußerlich, wie es ein jeder für sich konstatieren kann, die Charakteristik ins Auge fassen (siehe Zeichnung S. 143). Der Sehsinn vermittelt uns die Oberfläche der äußeren Körperlichkeit, die uns farbig, hell, dunkel und so weiter entgegentritt. Wir könnten in der mannigfaltigsten Weise diese Oberfläche beschreiben und würden dann dasjenige haben, was der Sehsinn vermittelt. Dringen wir nun durch die sinnliche Anschauung etwas ins Innere der äußeren Körperlichkeit, vermitteln wir uns durch unsere Sinnesorganisation dasjenige, was nicht an der Oberfläche liegt, sondern was sich mehr ins Innere des Körpers hinein fortsetzt, so muß das durch den Wärmesinn geschehen. Wiederum mehr gegen uns hergezogen, an uns gebunden, von der Oberfläche der Körperlichkeit gegen uns zugeneigt, nehmen wir Eigenschaften wahr durch den Geschmackssinn. Er liegt gewissermaßen auf der andern Seite des Sehsinnes. Wenn Sie Farben, Hell und Dunkel und wenn Sie den Geschmack ins Auge fassen, dann werden Sie sich sagen: Das, was an der Oberfläche der Körperlichkeit Ihnen entgegentritt, ist etwas durch den Sehsinn Vermitteltes. Dasjenige, was in der Wechselwirkung mit Ihrem eigenen Organismus Ihnen entgegentritt, was sich gewissermaßen in der Empfindung loslöst von der Oberfläche und gegen Sie zugeht, das vermittelt der Geschmackssinn.

Nun stellen wir uns vor, daß Sie mehr noch in das Innere der Körperlichkeit gehen, als es durch den Wärmesinn möglich ist, daß Sie gewissermaßen nicht nur dasjenige, was die Körperlichkeit von außen durchdringt, aber allerdings im Inneren durchsetzt wie die Wärme, ins Auge fassen, sondern was innere Qualität der Körper durch ihre Wesenheit ist. Zum Beispiel: Sie hören eine metallene Platte, die Sie anschlagen, dann nehmen Sie etwas von der Substantialität dieser metallenen Platte wahr, also von dem inneren Wesen des Metallischen. Während, wenn Sie die Wärme wahrnehmen, Sie durch den Wärmesinn nur dasjenige wahrnehmen, was gewissermaßen als allgemeine Wärme die Körper durchdringt, aber dann allerdings im Inneren ist, so nehmen Sie also durch den Hörsinn dasjenige wahr, was schon mit dem inneren Wesen der Körper zusammenhängt. Gehen Sie jetzt nach der andern Seite, so bekommen Sie etwas, was der Körper auf Sie als Wirkung ausübt, was viel stärker innerlich ist als dasjenige, was wahrgenommen wird durch den Geschmackssinn. Das Riechen ist materiell viel innerlicher als das Schmecken. Das Schmecken geschieht gewissermaßen dadurch, daß die Körper uns nur berühren und dann unsere Absonderungen sich oberflächlich mit unserem Innern vereinigen; das Riechen, das ist schon eine bedeutsame Veränderung in unserem Inneren, und die Nasenschleimhaut ist etwas, was viel innerlicher organisiert ist – natürlich materiell gemeint – als die Geschmackswerkzeuge.

Wenn Sie dann noch weiter in das Innere des äußeren Körperlichen eindringen, wo das äußere Körperliche schon mehr seelisch wird, dann dringen Sie ein durch den Gehörsinn in das Wesen des Metallischen, bekommen Sie gewissermaßen die Seele des Metallischen, aber Sie dringen noch tiefer, namentlich in das Äußere ein, wenn Sie nicht nur durch den Gehörsinn wahrnehmen, sondern durch den Wortesinn, durch den Sprachsinn. Es ist eine vollständige Verkennung, daß man glaubt, mit dem Gehörsinn sei auch schon dasjenige erschöpft, was der Wortesinn in sich enthält: man könnte hören, aber man brauchte noch nicht den Inhalt der Worte so wahrzunehmen, daß man ihn versteht. Es ist auch in bezug auf die organische Gliederung ein Unterschied vorhanden zwischen dem bloßen Hören des Tones und dem Wortewahrnehmen. Das Hören des Tones ist vermittelt durch das Ohr, das Wortewahrnehmen ist durch andere Organe vermittelt, welche ebenso physischer

Natur sind wie diejenigen, die den Gehörsinn vermitteln. Und wir dringen auch tiefer in das Wesen eines Äußeren ein, wenn wir es verstehen durch den Wortesinn, als wenn wir sein inneres Wesen bloß tonhaft hören.

Noch mehr nach innen gelegen, schon ganz von den Dingen abgesondert, viel mehr noch, als das beim Geruchssinn der Fall ist, ist jene Vermittlung, die wir nennen können die Vermittlung durch den Tastsinn. Wenn Sie Gegenstände betasten, so nehmen Sie ja eigentlich nur sich selber wahr. Sie betasten einen Gegenstand, der Gegenstand drückt in einer gewissen Weise stark auf Sie, weil er hart ist, oder drückt nur wenig auf Sie, weil er weich ist. Sie nehmen aber nichts vom Gegenstande wahr, sondern Sie nehmen nur das wahr, was in Ihnen selber bewirkt wird: die Veränderung in Ihnen selber. Ein harter Gegenstand schiebt Ihnen Ihre Organe weit zurück. Dieses Zurückschieben als eine Veränderung in Ihrem eigenen Organismus nehmen Sie wahr, wenn Sie durch den Tastsinn wahrnehmen. Sie sehen, indem wir uns mit dem Sinneninneren da hineinbewegen, gehen wir aus uns heraus. Wir sind zunächst wenig aus uns heraus beim Geschmackssinn, mehr aus uns heraus sind wir bei der Oberfläche der Körper, bei dem Sehsinn. Wir dringen schon in den Körper ein durch den Wärmesinn, noch mehr dringen wir ein in das Wesen durch den Hörsinn, und schon gar in das Innere des Wesens hineinergossen sind wir durch den Wortesinn. Dagegen dringen wir in unser Inneres hinein, im Geschmackssinn ist schon etwas davon vorhanden, mehr beim Geruchssinn, mehr noch beim Tastsinn. Dann aber, wenn wir noch mehr in unser Inneres eindringen, so tritt in uns ein Sinn auf, welcher eigentlich gewöhnlich schon nicht mehr genannt wird, wenigstens nicht oft genannt wird, ein Sinn, durch den wir unterscheiden, ob wir stehen oder ob wir liegen, durch den wir auch wahrnehmen, wie wir, wenn wir auf unseren zwei Beinen stehen, uns im Gleichgewichte halten. Dieses Sich-im-Gleichgewicht-Fühlen, das wird vermittelt durch den Gleichgewichtssinn. Da dringen wir also schon ganz in unser Inneres ein; wir nehmen die Beziehung unseres Inneren zur Außenwelt wahr, innerhalb welcher wir uns im Gleichgewichte fühlen. Aber wir nehmen das ganze in unserem Inneren wahr.

Dringen wir noch mehr in die äußere Welt hinein, mehr noch, als wir es durch den Wortesinn können, so geschieht das durch den Gedankensinn. Und es gehört, um die Gedanken des anderen Wesens wahrzunehmen, wiederum einfach ein anderes Sinnesorgan dazu, als es der bloße Wortesinn ist. Dagegen, wenn wir noch mehr in unser Inneres hineindringen, dann haben wir einen Sinn, der uns innerlich vermittelt, ob wir in der Ruhe oder ob wir in der Bewegung sind. Wir nehmen nicht nur dadurch, daß die äußeren Gegenstände an uns vorübergehen, wahr, ob wir in Ruhe oder ob wir in Bewegung sind, wir können innerlich an unserer Muskelverlängerung und -verkürzung, an der Konfiguration unseres Leibes, insofern sich diese verändert, wenn wir uns bewegen, wahrnehmen, inwiefern wir bewegt sind und so weiter. Das geschieht durch den Bewegungssinn.

Wenn wir Menschen gegenüberstehen, dann nehmen wir nicht nur ihre Gedanken wahr, sondern wir nehmen auch das Ich selber wahr. Und auch das Ich ist noch nicht wahrgenommen, wenn man bloß die Gedanken wahrnimmt. Gerade aus demselben Grunde, warum wir abgesondert den Hörsinn vom Sehsinn statuieren, müssen wir, wenn wir auf die feineren Gliederungen der menschlichen Organisation eingehen, auch einen besonderen Ichsinn, einen Sinn für die Ich-Wahrnehmung statuieren. Indem wir in das Ich eines andern Menschen wahrnehmend eindringen, gehen wir am meisten aus uns selber heraus.

Wann gehen wir am meisten in uns selber hinein? Nun, wenn wir im allgemeinen Lebensgefühl dasjenige wahrnehmen, was wir im wachen Zustande immer eben als unser Bewußtsein haben, daß wir sind, daß wir uns innerlich erfühlen, daß wir wir sind. Das wird vermittelt durch den Lebenssinn.

Damit habe ich Ihnen die zwölf Sinne, die das vollständige System der Sinnesorgane geben, hingeschrieben. Sie sehen nun ohne weiteres daraus, daß eine gewisse Anzahl von unseren Sinnen gewissermaßen mehr nach außen gerichtet ist, mehr darauf gerichtet ist, in die Außenwelt einzudringen. Wir können, wenn wir das Ganze (siehe Zeichnung) als den Umfang unserer Sinneswelt ansehen, sagen: Ichsinn, Gedankensinn, Wortesinn, Hörsinn, Wärmesinn, Sehsinn, Geschmackssinn, das sind die Sinne, welche mehr nach außen gerichtet sind. Dahingegen, wo wir mehr uns selbst wahrnehmen an den Dingen, wo wir mehr die Wirkungen der Dinge in uns wahrnehmen, da haben wir die andern Sinne: Lebenssinn, Bewegungssinn, Gleichgewichtssinn, Tastsinn, Geruchssinn. Sie bilden mehr das Gebiet des Inneren des Menschen; es sind Sinne, welche sich nach innen öffnen und durch das Wahrnehmen des Inneren uns unser Verhältnis zum Kosmos vermitteln (siehe Zeichnung, schraffiert). So daß also, wenn wir das vollständige System der Sinne haben, wir sagen können: Wir haben sieben mehr nach außen gerichtete Sinne. Der siebente Sinn ist schon zweifelhaft: Der Geschmackssinn steht schon an der Grenze zwischen dem, was die äußeren Körper betrifft, und dem, was die äußeren Körper als Wirkung auf uns ausüben. Die andern fünf Sinne sind solche Sinne, welche uns durchaus innere Vorgänge zeigen, die in uns sich abspielen, die aber Wirkungen der Außenwelt auf uns sind. Was ich nun heute an diese Sinnesgliederung, die den meisten von Ihnen bekannt sein wird, anfügen möchte, ist das Folgende.

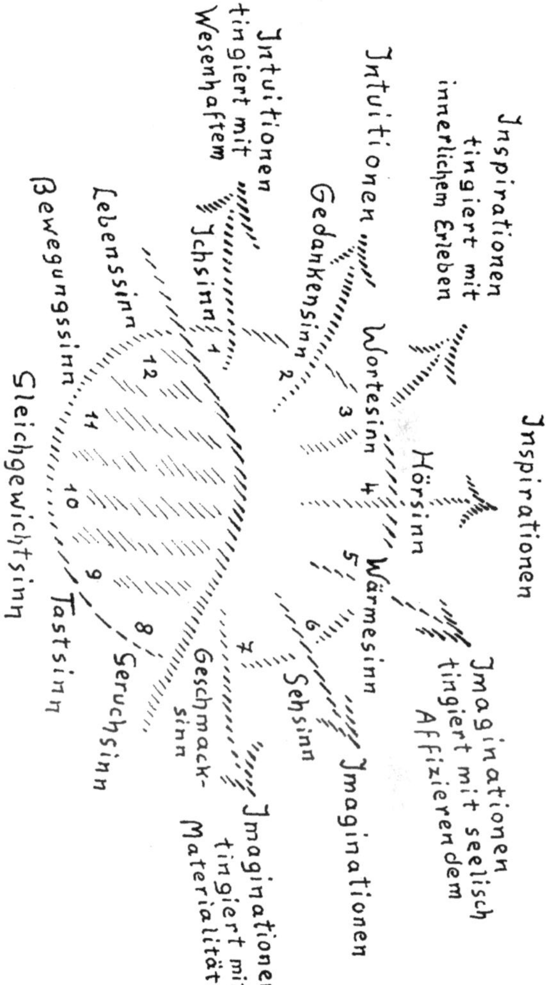
Jnspirationen
Jnspirationen tingiert mit innerlichem Erleben
Jntuitionen
Jntuitionen tingiert mit Wesenhaftem
Jmaginationen tingiert mit seelisch Affizierendem
Jmaginationen
Jmaginationen tingiert mit Materialität
Jchsinn
1
Gedankensinn
2
Wortesinn
3
Hörsinn
4
Wärmesinn
5
Sehsinn
6
Geschmack-sinn
7
Geruchsinn
8
Tastsinn
9
Gleichgewichtsinn
10
Bewegungssinn
11
Lebenssinn
12

Sie wissen, wenn der Mensch aufsteigt von der gewöhnlichen Sinneserkenntnis zur höheren Erkenntnis, kann er es dadurch tun, daß er mit seinem Geistig-Seelischen aus seinem physischen Leib heraustritt. Dann treten die höheren Arten des Erkennens auf: Imagination, Inspiration, Intuition. Ich möchte sagen: Beschreibend sind Imagination, Inspiration, Intuition ja geschildert in meiner *Geheimwissenschaft im Umriß* und in meiner Schrift *Wie erlangt man Erkenntnisse der höheren Welten?* Aber Sie werden sich leicht vorstellen können, daß wir, gerade wenn wir diese Gliederung der Sinne vor uns haben, zu einer besonderen Charakteristik dessen gelangen können, was Anschauung der höheren Welten ist. Wir dringen aus uns heraus. Über welche Grenze schreiten wir denn da? Wenn wir in uns bleiben, wenn wir in uns stekken, dann sind die Sinne unsere Grenzen; wenn wir aus uns herausdringen, dann dringen wir durch die Sinne nach außen. Es ist ganz, ich möchte sagen, selbstverständlich, daß, wenn unser Geistig-Seelisches die Leibeshülle verläßt, es durch die Sinne nach außen dringt. Wir kommen also durch die äußeren Sinne, durch den Geschmackssinn, den Sehsinn, den Wärmesinn, den Hörsinn, den Wortesinn, den Gedankensinn und den Ichsinn nach außen. Wir werden nachher sehen, wohin wir kommen, wenn wir durch die andere Grenze, wo die Sinne sich nach innen öffnen, nach innen dringen. Also wir dringen durch die Sinne nach außen, indem wir mit unserem Geistig-Seelischen gewissermaßen unsere Leibesgrenze verlassen. Da passieren wir zum Beispiel den Sehsinn nach außen: das heißt, wir dringen in unserem Geistig-Seelischen nach außen, indem wir unsere Sehwerkzeuge zurücklassen. Indem wir uns bewegen in der Welt, mit dem seelischen Auge sehend, aber die physischen Augen zurücklassend, wenn wir also gerade durch das Auge verlassen unsere Leiblichkeit, kommen wir in jene Region hinein, wo die Imagination waltet (siehe Zeichnung Seite 143).

Und wenn wir wirklich imstande sind, durch die Initiation gerade durch das Auge hinauszudringen in die geistige Welt, dann bekommen wir reine Imaginationen, Imaginationen, die, ich möchte sagen, Bilder sind, so wie der Regenbogen ein Bild ist, reine Bildimaginationen, webend und lebend im Seelisch-Geistigen. Noch tingiert mit den letzten Resten materiellen Daseins erscheinen die Bilder, wenn wir durch das Geschmacksorgan nach außen dringen. So daß wir also sagen können: Dringen wir durch das *Geschmacksorgan* nach außen, so sind die Imaginationen tingiert, also förmlich betupft mit Materialität. Wir bekommen nicht reine duftige Bilder wie beim Regenbogen, sondern wir bekommen etwas, was tingiert ist, was gewissermaßen im Bilde etwas wie einen letzten Rest des Materiellen enthält: wir bekommen Gespenster, richtige Gespenster, wenn wir durch das Geschmacksorgan den physischen Leib verlassen. Verläßt man durch den *Wärmesinn* den physischen Leib, so bekommt man die Bilder auch tingiert. Die Bilder, die sonst rein sind, ich möchte sagen, wie der Regenbogen, die erscheinen dann so, daß sie uns seelisch in einer gewissen Weise affizieren. Das macht jetzt ihre Tingierung aus. Beim Geschmacksorgan verdichtet sich gleichsam das Bild zum Gespensterhaften. Wenn wir aber durch den Wärmesinn nach außen gehen, bekommen wir allerdings auch Imaginationen, aber Imaginationen, welche seelisch wirken, welche sympathisch, antipathisch wirken, welche seelisch warm oder kalt wirken. Also die Bilder erscheinen nicht in der gleichen Weise gelassen wie die andern, sondern sie erscheinen warm oder kalt, aber seelisch warm oder kalt.

Wenn wir nun durch unser Ohr, durch den *Gehörsinn* unseren Leib verlassen, dann kommen wir hinaus in die geistig-seelische Welt und erleben die Inspiration. Also hier vorher (in der Zeichnung) erleben wir Imaginationen, tingiert mit seelisch Affizierendem; wenn wir durch den Gehörsinn unseren Leib verlassen, dringen wir in das Gebiet der Inspiration. Während sonst diese Sinne mehr nach außen hin gehen, dringt jetzt das, was da vom Wärmesinn zum Gehörsinn herüberkommt, wenn wir den Leib verlassen, mehr in unser seelisch-geistiges Inneres ein. Denn Inspirationen gehören mehr dem seelisch-geistigen Inneren an als Imaginationen, wir werden mehr berührt, nicht nur affektiv, sondern wir fühlen uns durchdrungen mit Inspirationen; wie wir uns leiblich durchdrungen fühlen mit der Luft, die wir eingeatmet haben, so fühlen wir uns seelisch durchdrungen mit den Inspirationen, in deren Region wir hineingelangen, wenn wir durch den Gehörsinn unseren Leib verlassen.

Wenn wir durch den *Wortesinn*, durch den *Sprachsinn* unseren Leib verlassen, dann tingieren sich wiederum die Inspirationen. Das ist etwas, was ganz besonders wichtig ist, daß man kennenlernt dasjenige Organ, das ebenso real da ist in der physischen Organisation, wie der Gehörsinn da ist, wenn man sich ein Gefühl erwirbt zunächst für das, was der Sprachsinn ist. Wenn man durch dieses Organ den physischen Leib mit dem Geistig-Seelischen verläßt, so tingiert sich die Inspiration mit innerlichem Erleben, mit dem Sich-Eins-Fühlen mit dem fremden Wesen.

Wenn wir durch den *Gedankensinn* unseren Leib verlassen, dann dringen wir in das Gebiet der Intuitionen. Und wenn wir durch den *Ichsinn* unseren Leib verlassen, dann sind die Intuitionen tingiert mit Wesenhaftem der geistigen Außenwelt.

So dringen wir immer mehr und mehr in das Wesenhafte der geistigen Außenwelt ein, sobald wir mit unserem Geistig-Seelischen den Leib verlassen, und wir können immer hinweisen darauf, wie eigentlich das, was uns umgibt, die geistige Welt

ist. Aber der Mensch ist gewissermaßen herausgedrängt aus der geistigen Welt. Was da hinter den Sinnen ist, nimmt er ja erst wahr, wenn er durch sein Geistig-Seelisches den Leib verläßt. Aber es drückt sich ab durch die Sinne: Es erscheinen uns die Intuitionen durch den Ich- und den Gedankensinn, aber nur die Abdrücke davon; die Inspirationen durch den Wortesinn und den Hörsinn, aber wiederum nur Abdrücke davon; die Imaginationen durch den Wärmesinn und den Sehsinn, und ein wenig durch den Geschmackssinn, aber abgetönt, hereingenommen, ins Sinnliche verwandelt. Schematisch könnte man die Sache so zeichnen: An der Grenze ist die Wahrnehmung der Sinneswelt (siehe Zeichnung, rot); gelangt man hinaus mit dem GeistigSeelischen, so dringt man in die geistige Welt ein (siehe Zeichnung, gelb) durch Imagination, Inspiration und Intuition. Und das zu Imaginierende, das zu Inspirierende, zu Intuitierende, das ist da draußen. Aber indem es in uns eindringt, wird es zu unserer Sinneswelt.

Sie sehen: Atome sind nicht da draußen, wie es sich die Materialisten phantasieren, sondern da draußen ist die Welt des Imaginativen, des Inspirierten, des Intuitiven. Und indem diese

Welt auf uns wirkt, entstehen die Abdrücke davon in den äußeren Sinneswahrnehmungen. Daraus sehen Sie, daß – wenn wir durch unsere Haut, welche die Sinnesorgane umschließt, gewissermaßen nach außen dringen, aber nach den verschiedenen Richtungen hin, in denen die Sinne wirken – wir dann in die objektive geistig-seelische Welt hineingelangen. Da dringen wir durch die Sinne, die wir als nach außen sich öffnend erkannt haben, in die Außenwelt ein.

Sie sehen also, daß der Mensch, wenn er durch seine Sinne in die Außenwelt dringt, wenn er die Schwelle, die, wie Sie daraus ersehen, sehr nahe ist, nach der Außenwelt hin überschreitet, er in die objektiv geistig-seelische Welt hineindringt. Das ist das, was wir durch Geisteswissenschaft zu erreichen versuchen: in diese objektive geistig-seelische Welt einzudringen. Wir kommen zu einem Höheren, indem wir durch unsere äußeren Sinne in dasjenige eindringen, was innerhalb der Sinneswelt durch einen Schleier für uns bedeckt ist.

Wie ist es nun, wenn wir durch die inneren Sinne, den Lebenssinn, den Bewegungssinn, den Gleichgewichtssinn, den Tastsinn, den Geruchssinn in unser Inneres eindringen, wenn wir – ebenso, wie wir durch die äußeren Sinne nach außen dringen – durch diese inneren Sinne in uns eindringen? Da nimmt sich die Sache überhaupt anders aus. Schreiben wir uns noch einmal diese inneren Sinne auf: Geruchssinn, Tastsinn, Gleichgewichtssinn, Bewegungssinn, Lebenssinn. Was da eigentlich in uns vorgeht, das wird da nicht wahrgenommen. Wir nehmen im gewöhnlichen Leben eigentlich das, was im Bereiche dieser Sinne vorgeht, nicht wahr; das bleibt unterbewußt. Dasjenige, was wir im gewöhnlichen Leben durch diese Sinne wahrnehmen, ist schon heraufgestrahlt in das Seelische.

Sehen Sie, wenn das die äußere geistige Welt der Imagination, Inspiration, Intuition ist (siehe Zeichnung S. 149, rot), so strahlt

sie gewissermaßen auf unsere Sinne, und durch die Sinne wird vor uns hingestellt, wird die sinnliche Welt eben erzeugt. Da wird also um eine Stufe hereingeschoben die äußere Geistwelt. Was aber diese Sinne umschließt und was da unten in der Körperlichkeit wühlt (orange), das nimmt man unmittelbar nicht wahr. So wie man unmittelbar nicht wahrnimmt die objektive äußere Geistwelt, sondern nur in ihrer Hereingeschobenheit in unsere Sinne, so nimmt man unmittelbar auch nicht das wahr, was da in unserem Körper wühlt, sondern nur das Heraufgeschobensein in das Seelische. Man nimmt gewissermaßen die seelischen Wirkungen dieser inneren Sinne wahr. Sie nehmen nicht die Vorgänge wahr, welche die Lebensvorgänge sind, sondern Sie nehmen wahr vom *Lebenssinn* (siehe Zeichnung S. 143), was Gefühl ist davon, was Sie nicht wahrnehmen, wenn Sie schlafen, was Sie wahrnehmen als innere Behaglichkeit beim Wachen, als das Durchbehaglichtsein, was nur gestört ist, wenn einem irgend etwas weh tut in seinem Inneren. Da ist der Lebenssinn, der sonst als Behaglichkeit heraufstrahlt, so, daß er gestört ist, geradeso wie ein äußerer Sinn gestört ist, wenn man zum Beispiel schlecht hört. Aber im ganzen lebt sich beim gesunden Menschen der Lebenssinn als Behaglichkeit aus. Jenes Durchdrungensein von Behaglichkeit, erhöht nach einer würzigen Mahlzeit, etwas herabgestimmt beim Hunger, dieses allgemeine innerliche Sich-Fühlen, das ist die in die Seele hineingestrahlte Wirkung des Lebenssinnes.

Der *Bewegungssinn* (siehe Zeichnung S. 143), dasjenige, das da in uns vorgeht, indem wir durch Verkürzung und Verlängerung unserer Muskeln wahrnehmen, ob wir gehen oder stehen, ob wir springen oder tanzen, also wodurch wir wahrnehmen, ob und wie wir in Bewegung sind, das gibt, in die Seele hineingestrahlt, jenes Freiheitsgefühl des Menschen, das ihn sich als Seele empfinden läßt: Empfindung des eigenen freien Seelischen. Daß Sie sich als eine freie Seele empfinden, das ist die Ausstrahlung des Bewegungssinnes, das ist das Hereinstrahlen der Muskelverkürzungen und Muskelverlängerungen in Ihr Seelisches, so wie die innere Behaglichkeit oder Unbehaglichkeit das Hereinstrahlen der Ergebnisse, der Erfahrungen des Lebenssinnes in Ihr Seelisches ist.

Wenn der *Gleichgewichtssinn* hereinstrahlt in das Seelische, da lösen wir schon sehr stark dieses Seelische los. Denken Sie nur einmal, wie wenig wir darauf aus sind – wenn wir nicht gerade ohnmächtig geworden sind, dann wissen wir nichts davon –, unmittelbar wirklich zu empfinden, daß wir in die Welt im Gleichgewichte hineingestellt sind. Wie empfinden wir denn, in die Seele hineingestrahlt, die Erlebnisse des Gleichgewichtssinnes? Das ist schon ganz seelisch: wir empfinden das als innere Ruhe, als jene innere Ruhe, welche macht, daß, wenn ich von da bis hierher gehe, ich doch nicht zurücklasse den, der da in meinem Körper steckt, sondern ihn hinnehme; der bleibt ruhig derselbe. Und so könnte ich durch die Luft fliegen, ich würde ruhig derselbe bleiben. Das ist dasjenige, was uns unabhängig erscheinen läßt von der Zeit. Ich lasse mich auch heute nicht zurück, sondern ich bin morgen derselbe. Dieses Unabhängigsein von der Körperlichkeit, das ist das Hineinstrahlen des Gleichgewichtssinnes in die Seele. Es ist das Sich-als-Geist-Fühlen.

Noch weniger nehmen wir wahr die inneren Vorgänge des

Tastsinnes. Die projizieren wir ja ganz nach außen. Wir fühlen den Körpern an, ob sie hart oder weich sind, ob sie rauh oder glatt sind, ob sie seidig sind oder wollen; wir projizieren die Erlebnisse des Tastsinnes ganz in den äußeren Raum. Eigentlich ist das, was wir im Tastsinn haben, ein inneres Erlebnis, aber was da innerlich vorgeht, das bleibt ganz im Unbewußten. Davon ist nur ein Schatten vorhanden in den Eigenschaften des Tastsinnes, die wir den Körpern zuschreiben. Aber das Organ des Tastsinnes, das macht, daß wir die Gegenstände seiden oder wollen, hart oder weich, rauh oder glatt fühlen. Das strahlt auch ins Innere herein, das strahlt in die Seele herein; nur merkt der Mensch den Zusammenhang seines seelischen Erlebnisses mit dem, was der äußere Tastsinn ertastet, nicht, weil die Dinge sich sehr differenzieren – was da ins Innere hineinstrahlt und was nach außen hin erlebt wird. Aber dasjenige, was da ins Innere hineinstrahlt, ist nichts anderes als das Durchdrungensein mit dem Gottgefühl. Der Mensch würde, wenn er keinen Tastsinn hätte, das Gottgefühl nicht haben. Was da im Tastsinn sich als Rauheit und Glätte, Härte und Weichheit erfühlt, das ist das nach außen Strahlende; was sich zurückschlägt in der Seelenerscheinung, das ist das Durchdrungensein mit der allgemeinen Weltsubstantialität, das Durchdrungensein mit dem Sein als solchem. Wir konstatieren das Sein der äußeren Welt gerade durch den Tastsinn. Wir glauben noch nicht, wenn wir irgend etwas sehen, daß es auch im Raume vorhanden ist; wir überzeugen uns, daß es im Raume vorhanden ist, wenn der Tastsinn es ertasten kann. Dasjenige, was alle Dinge durchdringt, was auch in uns hereindringt, was Sie alle hält und trägt, diese alles durchdringende Gottsubstanz kommt ins Bewußtsein und ist, nach innen reflektiert, das Erlebnis des Tastsinnes.

Der *Geruchssinn*: seine Ausstrahlung nach außen kennen Sie. Wenn der Geruchssinn aber seine Erlebnisse nach innen strahlt, dann merkt der Mensch schon gar nicht mehr, wie diese inneren Erlebnisse mit den äußeren Erlebnissen zusammenfallen. Wenn der Mensch irgend etwas riecht, so ist das die Ausstrahlung seines Geruchssinnes nach außen; er projiziert die Bilder nach außen. Aber diese Wirkung projiziert sich auch nach innen. Der Mensch beachtet sie nur seltener als die Wirkung nach außen. Manche Leute riechen gern wohlriechende Dinge, da beobachten sie die Ausstrahlung des Geruchssinnes nach außen. Aber es gibt auch Leute, die sich dem hingeben, was da als die Wirkung des Geruchssinnes nach innen so intensiv das Innere ergreift, was nicht nur wie das Gottesgefühl den Menschen durchdringt, sondern was sich so hineinsetzt in den Menschen, daß er es als mystisches Einssein mit Gott empfindet.

5. Geruchssinn	= mystisches Einssein mit Gott
4. Tastsinn	= Durchdrungensein mit dem Gottgefühl
3. Gleichgewichtssinn	= innere Ruhe, sich als Geist fühlen
2. Bewegungssinn	= Empfindung des eigenen freien Seelischen
1. Lebenssinn	= Behaglichkeit

Sie sehen, man muß sich, wenn man die Dinge durchschaut, so wie sie wirklich in der Welt sind, von manchem sentimentalen Vorurteil losmachen. Denn manch einer wird ganz sonderbare Gefühle haben, wenn er Mystiker sein will und nun erfährt, was eigentlich dieses mystische Erlebnis im Verhältnis zur Sinneswelt ist: es ist das in das Innere der Seele einstrahlende Geruchssinn-Erlebnis.

Man braucht vor solchen Dingen nicht zu erschrecken, denn auch unsere Empfindungen bilden wir ja nur in der äußeren konventionellen Scheinwelt, in der Maja. Und warum sollte man denn, wenn man den Geruchssinn nicht gleich als etwas vom Höchsten betrachtet, dieses Majaurteil über den Geruchssinn beibehalten? Warum sollte man denn nicht in der Lage sein, diesen Geruchssinn in seinem höheren Aspekt zu betrachten, wo er der Schöpfer der inneren Erlebnisse des Menschen wird? Ja, die Mystiker sind manchmal arge Materialisten, sie verdammen die Materie, sie wollen sich über die Materie erheben, weil die Materie etwas so Niedriges ist, und sie erheben sich über die Materie, indem sie sich innerlich wohlgefällig den Wirkungen des Geruchssinnes nach innen hingeben.

Wer für solche Dinge eine feinere Empfänglichkeit und Empfindlichkeit hat, der wird gerade bei ausgesprochenen Mystikern sympathischer Art, wie der Mechthild von Magdeburg oder der heiligen Therese oder Johannes vom Kreuz, wenn sie ihre inneren Erlebnisse beschreiben – und solche Persönlichkeiten beschreiben sehr anschaulich –, an der besonderen Art der Erlebnisse die Dinge «riechen». Mystik, auch bei Meister Eckhart oder bei Johannes Tauler, ist ebensogut, ja adäquater zu riechen, als mit Wollust durch die seelische Empfindung einzusaugen. Wenn man zum Beispiel die Beschreibung der mystischen Erlebnisse der heiligen Therese nimmt oder der Mechthild von Magdeburg, so hat man einen süßlichen Geruch in seinem Inneren, wenn man die Dinge okkult versteht. Wenn man die Mystik des Tauler, des Meister Eckhart nimmt, dann hat man so etwas von einem Geruch, wie etwa die Rautepflanze riecht, einen herben, aber nicht unsympathischen Geruch.

Kurz, das Eigentümliche, das Frappierende, das einem da entgegentritt, besteht darin, daß, wenn man sich durch die Sinne nach außen entfernt, man in eine höhere Welt hineinkommt, in eine objektiv geistige Welt. Wenn man hinuntersteigt durch Mystik, durch das Durchdrungensein mit dem Gottgefühl, durch die innere Ruhe des Sich-als-Geist-Fühlens, durch das

Sich-seelisch-frei-Fühlen, durch die innere Behaglichkeit: dann kommt man in Körperlichkeit, in Materialität hinein, was ich Ihnen ja schon angedeutet habe in diesen Betrachtungen. Beim inneren Erleben kommt man, majahaft gesprochen, immer in niedrigere Regionen hinein als diejenigen, die man schon im gewöhnlichen Leben hat. Beim äußeren Sich-Erheben über die Sinne kommt man in höhere Regionen hinein. Daraus sehen Sie wohl auch, wie es darauf ankommt, daß man sich über diese Dinge keinen Illusionen hingibt, daß man vor allen Dingen sich nicht der Illusion hingibt, daß man glaubt, man dringe in eine besondere Geistigkeit ein, wenn man durch das mystische Sich-Einsfühlen mit dem Göttlichen in sein Inneres hineinsteigt. Nein, da steigt man nur in die Ausstrahlungen seiner Nase nach innen hinein. Und diejenigen Mystiker, die am meisten geliebt werden, die geben uns durch ihre Beschreibungen dasjenige, was sie durch die Ausstrahlungen der nach innen fortgesetzten Nase in ihrem Inneren fühlen.

Sie sehen: Redet man von jenseits der Schwelle, redet man von der geistigen Welt aus über die Angelegenheiten dieser Welt, dann muß man in ganz andern Worten reden, als die Menschen es sich von dieser physischen Welt aus vorstellen. Das sollte Sie eigentlich nicht verwundern, denn Sie brauchen ja nicht erwarten, daß die geistige Welt jenseits der Schwelle eine bloße Doublette dieser physischen Welt hier sei. Solche Doubletten können Sie einzig und allein erleben, wenn Sie die Beschreibungen der höheren Welt in der Esoterik des Islam lesen oder wenn Sie die Beschreibungen des Devachan von Herrn Leadbeater lesen. Da haben Sie, nur ein wenig verändert, aber im Grunde genommen Doubletten von dieser Welt. Das ist den Leuten sehr behaglich. Insbesondere bei denen, welche ein gewisses Salonleben in guten Kleidern und bei sonst hinreichenden Gelüstebefriedigungen hier in der physischen Welt führen, kann man es leicht finden, daß sie auch jenen Devachansalon, in dem man sich dann aufhalten kann, wie in einer ähnlichen Weise in den Salons hier, nach ihrem Tode betreten, wie es ihnen ja auch Herr Leadbeater beschreibt. In dieser bequemen Lage ist derjenige nicht, der die Wahrheiten der geistigen Welten beschreiben muß. Der muß Ihnen sagen, daß das Durchdrungensein mit dem Gottgefühl zu der Projektion des Riechens nach innen führt und daß der Mystiker eigentlich dem wirklichen Okkultisten nichts anderes verrät, als wie er in seinem Inneren riecht. Zur Sentimentalität ist keine Gelegenheit bei wirklicher Betrachtung der Welt von der geistigen Seite aus. Ich habe es oftmals erwähnt: Dringt man wirklich in die geistige Welt hinein, dann beginnt der Ernst in solchem Maße, daß alle Dinge selbst andere Worte bekommen müssen, als sie hier haben, und daß die Worte selbst ganz entgegengesetzte Bedeutung bekommen. In die geistige Welt eindringen heißt nicht bloß Gespenster der hiesigen Welt beschreiben, sondern man muß sich darauf gefaßt machen, daß man vieles von dem erlebt, was das Gegenteil der physischen Welt hier ist, vor allen Dingen aber das Gegenteil des Angenehmen ist.

Ich wollte Ihnen diesen Gesichtspunkt heute hinstellen, um Ihnen ein mehr allgemeines Gefühl zu vermitteln von dem, was unserer Zeit wirklich notwendig ist. Wenn man hinhorcht auf das, was einem heute vom Westen entgegentönt – im Osten, und je weiter man nach dem Osten hinkommt, ist es etwas anderes –, wenn ein Gedanke in westlicher Form wiedergegeben wird, dann ist es oft so, daß man sagt: so kann man nicht im Französischen sich ausdrücken, so kann man nicht im Englischen sich ausdrücken. Je weiter man nach Westen kommt, desto mehr findet man dieses Urteil. Was bedeutet dieses Urteil aber anderes als das Hängen an dem Physischen, das schon Erstarrtsein in dem Physischen gegenüber der wirklichen Welt? Was kommt es auf Worte an? Es kommt vielmehr darauf an, daß man sich über die Worte hinaus über die Dinge verständigt. Dann aber muß man auch die Worte loslösen können von den Dingen, und man muß nicht nur die Worte loslösen können, sondern man muß sogar die in der Sinneswelt erworbenen subjektiven Empfindungen loslösen können. Wenn man den Geruchssinn als einen niederen Sinn betrachtet, so ist das ein Urteil, gewonnen aus der Sinneswelt. Und wenn man sein inneres Korrelat, die Mystik als ein Höheres betrachtet, so ist das auch ein Urteil aus der Sinneswelt. Von jenseits der Schwelle angesehen, ist die Organisation des Geruchssinnes etwas außerordentlich Bedeutendes, und die Mystik ist nicht etwas so Großartiges, wenn sie von jenseits der Schwelle angesehen wird. Denn die Mystik ist durchaus ein Produkt der materiellen, physischen Welt, sie ist nämlich die Art, wie Menschen in die geistige Welt eindringen wollen, die eigentlich materialistisch bleiben, indem sie das, was hier ist, erst recht als Materie ansehen. Das ist ihnen zu niedrig, zu materialistisch. Würden sie allerdings eindringen in das, was da draußen ist, dann kämen sie gerade in die geistige Welt, in die Hierarchien. Statt dessen aber dringen sie in ihr Inneres: da tappen sie in die volle Materie innerhalb der eigenen Haut hinein! Das kommt ihnen allerdings als der höhere Geist vor. Aber es handelt sich nicht darum, daß wir durch unsere geist-seelischen Phänomene mystisch hinunterdringen in unsere Körper, sondern es handelt sich darum, daß wir durch unsere materiellen Phänomene, durch die Phänomene der Sinneswelt hindurchdringen in die Geistwelt hinein, in die Welt der Hierarchien, in die Welt der geistigen Wesenhaftigkeiten. Nicht eher, als bis die Welt es verträgt, solche Töne anschlagen zu hören, nicht eher, als bis die Welt es verträgt, daß über die Welt ganz anders gesprochen wird als in den letzten vier Jahrhunderten, nicht eher, als bis die Welt es verträgt, daß wir auch unsere sozialen Urteile aus solchen vollständig umgewandelten Begriffen bilden, kommen wir zu Impulsen, die wiederum zu einem Aufgang führen. Wollen wir aber verbleiben in alledem, was wir uns angeeignet haben, und wollen wir daraus unser soziales Tun orientieren, dann segeln wir immer tiefer in den Niedergang hinein, dann geht es hinunter in den Niedergang des Abendlandes.

Worauf beruht so etwas, wie das Urteil Oswald Spenglers? Es beruht darauf, daß er ein sehr genialer Mensch ist, der aber nichts anderes denken kann als die gewöhnlichen Begriffe des Abendlandes, die man jetzt hat. Die analysiert er. Da rechnet er aus – was für diese Begriffe durchaus richtig ist –, daß mit dem Beginn des dritten Jahrtausends an die Stelle unserer Zivilisation die Barbarei getreten sein wird. Wenn man ihm von Anthroposophie redet, bekommt er einen roten Kopf, weil er es nicht ausstehen kann. Würde er verstehen, was durch die Anthroposophie in die Menschheit einziehen kann, wie sie die Menschen beleben kann, dann würde er sehen, daß einzig und allein durch sie der Niedergang abgewendet werden kann, daß man einzig und allein durch sie zu einem Aufstiege kommen kann.

Die Vollzahl der Sinne

Nachwort des Herausgebers

Im Laufe des 20. Jahrhunderts hat – von einer breiten Öffentlichkeit fast unbemerkt – die Sinneslehre eine umfassende Veränderung durchgemacht. Noch im Anfang unseres Jahrhunderts sprach man allgemein von fünf oder sechs Sinnen, eben jenen Sinnen, die durch ein sofort erkennbares physisches Organ leicht bemerkt werden, wie Auge, Ohr, Geruch und Geschmack. Wer heute aber eine Sinnesphysiologie aufschlägt, findet – je nach Verfasser verschieden – eine Vielzahl von Sinnen aufgeführt. In diesem Zusammenhang sind die Forschungen und Aussagen von Rudolf Steiner von besonderem Interesse; erstens weil sie in unserem Jahrhundert wohl der früheste Versuch sind, die volle Zahl der Sinne systematisch zu beschreiben; zweitens weil Steiner das je Eigene des jeweiligen Sinnes besonders beschreibt; drittens weil er methodische Hinweise zur Erforschung der Sinne gibt; und viertens weil Steiner die Rolle der Sinne beim Erfassen der Wirklichkeit und beim Zustandekommen der Urteile besonders untersucht hat. Der Ursprung der Gedanken Steiners zur Sinneslehre kann bereits in den erkenntnistheoretischen Werken der Jahre 1886 bis 1896 gefunden werden, denn aus den ungelösten Fragen der Erkenntnistheorie ergibt sich der systematische Zugang zur Problematik der Sinne.

Viele philosophische Untersuchungen über das Wesen des Erkennens leiden darunter, daß allzu allgemein von Wahrnehmungen oder Sinneseindrücken gesprochen wird, die auf uns eindringen, die Gegenstand unserer Betrachtungen sein sollen. Daß aber die Sinneswahrnehmungen, die der Ausgangspunkt unseres Erkennens sind, nicht einfach einheitliche «Wahrnehmungen», sondern nach Inhalt und Qualität durchaus Verschiedenes liefern, zeigt bereits ein erstes Überdenken: durch den Tastsinn kann man das Rauhe oder Glatte eines Stoffes, das Weiche oder Harte bemerken; besonders durch die Tätigkeit des Gleichgewichtssinns bemerkt man die Schwere eines Gegenstandes; gelöst auf der Zunge verrät eine Substanz geschmackliche Eigenarten; das Auge gewahrt Farben; dem Ohr offenbaren sich Töne, Geräusche; durch die Sprache werden Mitteilungen gemacht; wir erfahren ferner Tatsachen oder Gedanken durch andere Menschen oder durch schriftliche Hinweise.

Das Gemeinsame in dieser Vielfalt der Sinneseindrücke kann wohl nur in der Tatsache gesehen werden, daß die Sinneseindrücke nicht durch uns hervorgebracht werden, sie werden uns vielmehr «gegeben», sie zeigen sich, sobald sich ihnen Aufmerksamkeit oder ein waches Bewußtsein zuwendet.[1] Doch die Art der Gegebenheit bereits ist sehr unterschiedlich: manche Eindrücke nehmen wir innerhalb unserer Leiblichkeit wahr, so den Tasteindruck, so die Eigenbewegung, so das Gewicht. Andere Eindrücke sind nur in unmittelbarer Nähe oder im Kontakt zu unserem Körper zu gewinnen, so etwa beim Geschmack; wieder andere Eindrücke, besonders die des Auges, scheinen in die fernsten Fernen zu führen, wenn man daran denkt, daß wir mit dem Auge die Sterne wahrnehmen. Alle diese Eindrücke aber können wir nur haben, wenn sie «da» sind; wo kein Geräusch oder Ton erklingt, kann das Ohr nichts hören, und so sind auch alle anderen Sinne auf gegebene Eindrücke angewiesen.

Ein völlig undifferenziertes Reden von Sinnen und Wahrnehmungen im Allgemeinen, der unkritische Austausch, die gedankenlose Ineinssetzung aller Sinneseindrücke machte schon Goethe Kummer, und er forderte deshalb, eine Kritik der Sinne zu schreiben.[2] Aufgabe einer derartigen Kritik der Sinne wäre es gewesen, die je unterschiedliche, spezifische Leistung jedes Sinnes für das Erkennen zu beschreiben und zu klären, welches Weltgebiet je durch welchen Sinn erschlossen wird. Das 19. Jahrhundert wandte sich diesem Problem aber nicht zu. Ausgehend von Johannes Müllers Gesetz der spezifischen Sinnesenergien,[3] nach welchem jedes Sinnesorgan auf seine spezifische Weise auf möglicherweise unterschiedliche Eindrücke reagiere, entwickelten Helmholtz und andere eine Physik der Sinnesreize. Gegenstand dieser fruchtbaren Untersuchungen sind die physikalischen Elemente (Schwingungen, Wellen etc.), die eine Wahrnehmung vermitteln.[4] Allein diese Untersuchungen klären den Menschen über seine Sinne nur indirekt auf. Denn die Grundlage aller physikalischen Forschungen sind die unmittelbaren Wahrnehmungen, etwa des Auges. Ein Blinder, der ein Auge ertasten würde, könnte sich über die Aufgabe des Auges nicht aufklären. Durch das Sehen aber sehen wir nicht nur die Augen anderer Menschen, vor allem wissen wir durch das Sehen erst die Funktion des Auges und seiner Einrichtung zu deuten.

So ist die Sinnestätigkeit des Sehens und jede andere Sinnestätigkeit in doppelter Hinsicht aufschlußreich: Einerseits erschließen sich bestimmte Gegenstandsbereiche (die Welt der Töne, Gerüche oder Farben) durch den jeweiligen Sinn. Zum anderen aber erkennt man die Bedeutung des Auges und auch des Lichtes erst durch die *Erfahrung* des Sehens. So kann man auch von Bewegungs- und Gleichgewichtserfahrungen ausgehend das Vestibularorgan zu deuten versuchen. Derartige Deutungen setzen aber eine genaue Analyse der unmittelbaren Sinneserfahrung voraus. Um diese differenzierte Beschreibung der Sinnesqualitäten durch den diese Qualitäten erfahrenden Menschen ging es Goethe, als er eine Kritik der Sinne forderte. Diese Beschreibung kann nur durch genaue Selbstbeobachtung geleistet werden; man muß das Sehen, Hören, Schmecken an sich selbst beobachten.

Als Rudolf Steiner 1909 zum erstenmal[5] eine umfassende Analyse des Feldes der menschlichen Sinneserfahrungen vorlegte, stand diese Beschreibung der Sinne im Zusammenhang eines größeren Unternehmens: Nicht nur die Sinne wollte Steiner damals vom Standpunkt gesteigerter Selbstbeobachtung aus beschreiben, es ging ihm darum, die Gesamtorganisation des Menschen wie von innen zu erschließen.[6] Bei diesem Versuch mußte der Anfang mit einer Analyse der menschlichen Sinne gemacht werden, weil in ihnen sich das Bewußtsein zuerst findet, weil das Verhältnis des Menschen zu seiner Umwelt und zu sich in der Struktur der Sinne zuerst Gestalt gewinnt. Im Jahre 1910 begann Steiner sodann, diese Darstellung des Menschen unter dem Titel einer *Anthroposophie* niederzuschreiben. Das Buch wurde nie beendet, erst 1951 erschien es als Fragment aus dem Nachlaß Steiners. 1971 wurden aus dem Archiv der Rudolf Steiner Nachlaßverwaltung weitere Aufzeichnungen Steiners zur Sinneslehre herausgegeben, die einen Blick in die mühsame, langjährige Forschung Steiners gewähren.[7]

Was hier interessiert, ist vor allem die Tatsache, daß Rudolf Steiner in den Vorträgen des Jahres 1909 und in dem Fragment des Jahres 1910 von zehn Sinnen spricht. Das erscheint als wesentlich, weil es einen Blick auf Steiners Forschungsmethode gewährt. Steiner ging nicht von einer theoretischen Konstruktion aus. Zunächst[5] fand er auf dem Wege der Selbstbeobachtung zehn Sinne, und er versuchte, ihre je spezifische Art des Erlebens zu beschreiben. Manche dieser Beschreibungen finden sich auch in den 1971 veröffentlichten Aufzeichnungen zur Sinneslehre, und man kann bemerken, daß Steiner darum ringt, eine Sprache für die bisher nie beschriebenen Bereiche innerer Erfahrung zu finden.[8]

1916, also sieben Jahre nach dem ersten Versuch, gab Rudolf Steiner zum erstenmal eine Darstellung der zwölf physischen Sinne des Menschen.[9] Die Geschichte der Forschung zeigt, daß sich diese Zwölfzahl der Sinne nicht aus kosmologischen Analogien oder aus einem Systembedürfnis ergeben hat. Es ist die Zwölfzahl der Sinne vielmehr etwas, was eine unbefangene empirische Forschung nachprüfen kann. Rudolf Steiner hat 1921 in dem hier vorgelegten Vortrag vom 22. Juli die Methode angegeben, durch die er zu seiner Sinneslehre gelangt ist: «Man muß sich eben nur bekannt machen mit dem Gedanken, daß die Sinneslehre nicht so behandelt werden darf, daß man die Sinne beschreibt nur nach den gröberen Sinnesorganen, sondern nach der Analyse des Erlebnisfeldes». Das heißt: die bisherige Forschung hatte nur dort einen Sinn angenommen, wo man leicht ein Sinnesorgan vorfinden konnte: Auge und Ohr waren für diese Forschung der Prototyp der Sinne. Steiner macht darauf aufmerksam, und die Sinnesphysiologie hat das im Laufe unseres Jahrhunderts bestätigt, daß es weitere Felder der Sinneserfahrung gibt: den Bewegungssinn, den Wärmesinn etc. Man hat, ebenso wie beim Gleichgewichtssinn, heute die physischen Sinnesorgane dieser Sinne entdeckt. Dabei muß man sich aber stets bewußt sein, daß immer die unmittelbare Erfahrung, etwa das Erlebnis der Wärme, der Anlaß ist, die physischen Organe des Wärmesinns zu suchen. Aus unmittelbarer innerer Erfahrung kennen wir die Sinne, und aus dem Erleben der Sinne deuten wir dann ein bestimmtes Organ als das Organ dieses Sinnes. Wenn man aber so vorgeht, dann gerät man in gewisse Schwierigkeiten, die man dann scheinbar nicht hat, wenn man die Sinne von den Sinnesorganen ausgehend definiert: man muß nun die innere Wahrnehmung, das innere Beobachten schulen, die einzelnen Sinnesfelder zu allererst in der Selbstbeobachtung unterscheiden lernen.

Zwei Elemente müssen zusammenkommen, um von einem Sinnesbereich sprechen zu können: zum einen die wache seelische Sinnestätigkeit, also das Hören und Hinhören, das Sehen, Riechen oder Schmecken; zum anderen tritt dieser seelischen Tätigkeit ein je bestimmter Weltbereich, der auf uns Eindruck macht, entgegen: der Ton, die Farbe etc. Man kann diesen Unterschied in Steiners erkenntniswissenschaftlichen Schriften bereits als Beobachten und Wahrnehmung angedeutet finden. Dabei ist das Beobachten immer dem Denken zugänglich, ja man kann sagen: das Denken durchdringt das Beobachten und ergreift dadurch erst die Wahrnehmung.

Leicht sind die zwei Elemente, durch die eine Sinneserfahrung zustande kommt, beim Sehen zu bemerken: Solange die Augen geschlossen sind, solange wir schlafen, fehlt zum Zustandekommen der Sinneserfahrung der seelische Faktor, mag es auch um uns hell sein. In vollständiger Finsternis andererseits scheinen die äußeren Eindrücke zu fehlen, obwohl man behaupten könne, wir sähen in vollständiger Finsternis das Dunkel. Diese Erklärung aber befriedigt das Auge nicht; wir sagen: wir sehen nichts, denn unser Blick kann nichts ergreifen. Erst wenn das Sehen auf die beleuchteten Gegenstände fällt, sehen wir etwas; durch das Sehen kann auch unser Denken die Gegenstände erkennen.

Leicht ist ein Zweites zu beobachten, was auch als Charakteristik eines Sinnes postuliert werden kann: Jeder Sinn erschließt in sich differenzierte Erfahrungen. Das Auge sieht verschiedene Farben; der Wärmesinn nimmt nicht nur eine Skala von ganz kalt bis ganz warm wahr, auch Wärme wird qualitativ unterschiedlich erfahren.

Wichtig ist es freilich, unmittelbare Sinneserfahrungen von anderen Elementen, die mit der Sinneserfahrung verbunden sein können, zu unterscheiden. Zwei Elemente, die sich leicht in die Sinneserfahrungen einmischen, sind Gedanken und Urteile. So ist zum Beispiel die Antwort auf die Frage, wie weit ein Berg oder ein Baum entfernt sind, auf Sinneserfahrung angewiesen, aber sie ergibt sich nicht allein aus der Sinneserfahrung. Die Aussage: «Der Baum ist fünfzig Meter weit weg!» ist in diesem Sinne ein auf Sinneserfahrung gestütztes, gedanklich geformtes Urteil. In ähnlicher Weise spielt das Urteilen in Aussagen hinein, die sagen: «Er schaut mich freundlich an!» «Der Baum ist harmonisch geformt.» – Es bedarf keiner Erwähnung, daß Schallwellen, Lichtwellen etc. ebensowenig Gegenstand der unmittelbaren Wahrnehmung sind wie zum Beispiel der Magnetismus.

Die Probleme, die sich für ein Erfassen der Sinnesbereiche ergeben, sind Schwierigkeiten des Bemerkens, des Unterscheidens und Abgrenzens. Einige dieser Schwierigkeiten sollen hier angedeutet werden, damit der Leser zur eigenen Beobachtung, zur Unterscheidung und Zusammenfassung angeregt werde. Rudolf Steiner nennt als Sinne, die die eigene Körperlichkeit erfassen: den Lebenssinn, der das allgemeine Befinden des Leibes, Wohlgefühl oder Schwäche wahrnimmt; den Eigenbewegungssinn, der die eigenen Bewegungen der Finger, der Arme etc. wahrnimmt; den Gleichgewichtssinn und den Tastsinn.

In einer modernen Sinnesphysiologie[10] wird aber darüberhinaus auch von einem Stellungssinn, der die Stellung der einzelnen Glieder wahrnimmt, von einem Kraftsinn gesprochen; der Lebenssinn wird hingegen nicht eigens genannt, wird aber der Sache nach teilweise als somatischer Schmerz beschrieben. Ein anderer Autor[11] gliedert die Tastwahrnehmung in drei Sinnesbereiche: den Berührungssinn, den Drucksinn und den Vibrationssinn.

Zum Verständnis der Sinneslehre Rudolf Steiners ist es wichtig, sich mit derartigen Behauptungen der modernen Sinnesphysiologie auseinanderzusetzen; denn nur dadurch, daß man diese Behauptungen als Einwände versteht und mit ihnen fertig wird, bewährt sich die Methode Steiners. Der methodische Ansatz zur Abgrenzung der einzelnen Sinnesgebiete verlangt, jedes Sinnesfeld rein, d.h. für sich gesondert zu erfassen. Das Sehen an sich nimmt Farben und Dunkel- und Helligkeitswerte wahr. Die eigentliche Gegenstandswahrnehmung, die also z. B. eine Amsel oder eine Tulpe erkennt, wird nicht durch das Sehen an sich alleine geleistet, hier spielt auch der Gedanke, der Begriff der Sache eine Rolle; ferner kann zur Konstitution einer vollen Wahrnehmung der Bewegungssinn durch die Bewegung des Auges am Sehakt beteiligt sein. Auf diese Probleme der Unterscheidung von Wahrnehmung und Begriff als zwei verschiedenen Elementen der Erkenntnis hat Steiner vor allem in seiner Schrift *Wahrheit und Wissenschaft* (1892) hingewiesen. In diesem Sinn muß man sich auch der Frage nähern: Gibt es einen Stellungssinn oder einen Vibrationssinn als reine Sinneswahrnehmung?

Die Behauptung des Vorhandenseins eines Stellungssinnes gründet sich auf einige Experimente: Einmal kann zum Beispiel jeder Mensch bei geschlossenen Augen die eine Hand zur anderen führen: er weiß also, in welcher Lage sie sich befindet. Ferner kann er mit dem einen Arm oder Bein die Stellung des anderen Armes oder Beines imitieren.[10] Beweisen derartige

Experimente das Vorhandensein eines «Stellungssinnes»? Um diese Frage zu beantworten, muß man sich fragen: Haben wir eine unmittelbare innere Wahrnehmung der Stellung unserer Glieder, oder handelt es sich hier um Vorstellungen, die wir uns im Kopf über die Stellung unserer Glieder bilden und die auf Wahrnehmungen des Bewegungssinnes und auf Wahrnehmungen des Lebenssinnes, der Muskelspannungen bemerkt, beruhen? – Ebenso kann man sich fragen, ob es sich bei dem Kraftsinn, der in der Lage sein soll, die aufgewandte Kraft, die man beim Heben von Gewichten benötigt, abzuschätzen, um einen ursprünglichen Sinn oder um das Zusammenwirken von Gleichgewichtssinn, Bewegungssinn und Lebenssinn mit dem Urteilen handelt?

Bei der Beschreibung von Tasterfahrungen wird man auch immer berücksichtigen müssen, daß viele Tastvorgänge von Bewegungen der eigenen Glieder begleitet werden, daß also der *Tastsinn* mit dem Bewegungssinn zusammenwirkt. Unterscheidet man in der inneren Beobachtung die Tasterfahrung von der Bewegungserfahrung, so kann man die Tasterfahrungen als verschiedenartige Erregungen innerhalb der Haut beschreiben. Ganz zart nur wirkt diese Erregung, wenn nur die Haarspitzen auf dem Handrücken oder dem Oberarm berührt werden. Obwohl die eigene Haut nicht direkt berührt wird, wirkt die Berührung der Haare bis in die Haut. Die Intensität der Berührung kann sich dann steigern und an verschiedenen Objekten (Wolle, Seide, Kohle, Sand) verschiedene Eindrükke gewinnen. Diese Eindrücke, wenn man sie innerlich mit geschlossenen Augen abspürt, ändern sich ein wenig durch Bewegung und Druck, aber im Prinzip bleiben es innerlich dieselben Eindrücke. Der Druck mag hier eine ähnliche Rolle spielen, wie die Lautstärke beim Ton: er ändert die Intensität, stellt aber nicht einen völlig neuen Sinnesbezirk dar. Auch die

Vibration schafft keinen prinzipiell neuen Sinneseindruck, dieser durch Bewegung ausgelöste Eindruck ist dem Vibrato des Tones vergleichbar.

Rudolf Steiners erste grundlegende Beschreibung des Tastsinns, um die er lange gerungen hat – 1910 erschien ihm die Existenz eines Tastsinnes überhaupt noch zweifelhaft – findet sich im Vortrag vom 12. August 1916. Man kann gerade in diesem Vortrag sehen, wie es Steiner bei der Beschreibung der einzelnen Sinnesfelder auf die Analyse, also die Unterscheidung ankommt. Steiner erwähnt das Wort «Gefühlssinn» und fährt dann fort: «Letzteren nennt man oft Tastsinn, wobei man schon beim Tasten nicht recht unterscheidet, was in der neueren Zeit einige nun doch schon unterscheiden wollen, den eigentlichen Tastsinn von dem Wärmesinn. Tastsinn und Wärmesinn hat eine ältere Zeit noch durcheinandergeworfen. Diese beiden Sinne sind natürlich völlig voneinander verschieden. Durch den Tastsinn nehmen wir wahr, ob etwas hart oder weich ist, der Wärmesinn ist etwas ganz anderes.» Dann folgt die eigentliche Darstellung des Tastsinns, die so aus der geschärften Unterscheidung ermöglicht wird: «Tastsinn ist gewissermaßen derjenige Sinn, durch den der Mensch in ein Verhältnis zur materiellsten Art der Außenwelt tritt. Durch den Tastsinn stößt der Mensch gewissermaßen an die Außenwelt. Fortwährend verkehrt der Mensch durch den Tastsinn in der gröbsten Art mit der Außenwelt. Aber trotzdem spielt sich der Vorgang, der beim Tasten stattfindet, innerhalb der Haut des Menschen ab.»

Während bei der Betrachtung der Körpersinne die Gefahr besteht, für vereinzelte Wahrnehmungen oder für Intensitäten oder für vermischte Wahrnehmungen, die durch das Zusammenwirken mehrerer Sinne entstehen, je neue Sinne zu postulieren, besteht bei den klassischen Sinnen: Geruch, Geschmack,

Sehen und Hören im wesentlichen Klarheit; die Sinnesbezirke sind in ihrer Eigenart leicht zu unterscheiden, was nicht nur darauf zurückzuführen ist, daß man die Organe in Nase, Zunge, Auge und Ohr deutlich lokalisieren kann, sondern auch auf die Deutlichkeit, in der sich diese Sinneseindrücke uns aufdrängen. Auch über das Vorhandensein des Wärmesinns und seiner beiden Grundqualitäten: warm und kalt besteht Einigkeit unter den Forschern. Schwierigkeiten bereitet das Bemerken drei weiterer von Steiner beschriebenen Sinne. Es sind das der Sprach- oder Wortsinn, der fremde Sprachäußerungen auffaßt, der Sinn für die Gedanken anderer und der Ichsinn, der das Ich anderer Menschen wahrnimmt.

In einem Vortrag vom 20. Juni 1916 hat Rudolf Steiner ausdrücklich darauf hingewiesen, daß man die seelischen Äußerungen des anderen Menschen unmittelbar wahrnimmt. Wenn jemand zu uns spricht, so deuten wir das, was der andere sagt, im Normalfalle nicht; wir nehmen den Sinn der Gedanken, die Intention der Äußerung, die Geste der Sprache unmittelbar auf: «Unmittelbare Wahrnehmung ist es, von einer Deutung ist da nicht die Rede.» Steiner macht darauf aufmerksam, daß wir unmittelbar mit unseren Mitmenschen leben: «Wir leben mit den Seelen der anderen, wie wir mit den Farben und Tönen leben, und wer das nicht einsieht, weiß überhaupt nichts vom seelischen Leben.» Diese Bemerkung ist aber nicht nur für den Sprachsinn, den Gedankensinn und den Ichsinn wichtig. Sie weist auch nochmals darauf hin, daß das unmittelbare Aufnehmen und Erfahren zu den unabdingbaren Eigenheiten der Sinneserfahrung gehören.

Am leichtesten kann man sich zunächst durch eine Überlegung das Vorhandensein des *Gedankensinns* klarmachen. Folgt man dem Vortrag eines anderen Menschen, so produziert man nicht selber Gedanken, man nimmt vielmehr Gedanken anderer, vielleicht völlig neue Gedanken auf. Dabei kann es geschehen, daß der Redner sich verspricht, er verwendet einen falschen Ausdruck, dennoch versteht man, wenn er seine Gedanken klar führt, in der Regel, was er meint. Auch der Sinn einzelner Wörter, die an sich vieldeutig sind, wird richtig verstanden, wenn man dem Gedankengang folgt. – Der Gedankensinn ist nicht nur auf die gesprochene Sprache angewiesen, auch durch das Medium der Schrift folgt man den Gedanken eines anderen Menschen. Auch können durch Gesten und Miene oder Zeichen Gedanken vermittelt werden. Die unmittelbare Erfahrung des Gedankensinns ergibt sich wie bei jedem anderen Sinn aus dem Zusammenwirken der zuhörenden und mitdenkenden Aufmerksamkeit und dem dargebotenen Gedanken. Der allergrößte Teil unserer Gedanken wird im Laufe eines Lebens so von außen aufgenommen. Viele Probleme der Erkenntnistheorie beruhen darauf, daß man nicht zwischen der originalen Gedankenproduktion im Erkenntnisakt und der Verwendung aufgenommener Gedanken und Kenntnisse unterscheidet.

Der *Sprach-* oder *Wortsinn* ist im Regelfall auf die Mitwirkung des Gehörs angewiesen und ist doch vom Hören zu unterscheiden. Man kann den Unterschied in folgendem Experiment bemerken: Man kann in einem Nebenzimmer Laute hören, Geräusche, bei denen man zu dem Urteil kommt: nebenan wird gesprochen. Man hört aber weder die Worte, noch versteht man sie. Nähert man sich nun dem betreffenden Raum, betritt man ihn, so kann man genau den Augenblick bemerken, wo man nicht mehr Geräusche, sondern Worte hört. Beobachtet man die Qualität dieses Übergangs vom Geräuschhören zur Wortwahrnehmung, so wird man bemerken, daß die Geräusch- oder Tonwahrnehmung in dem Augenblick zurückgedrängt wird, ja aus dem Feld bewußter Aufmerksamkeit fast verschwindet, wenn man beginnt, die Worte der Sprache zu verstehen. Während man vielleicht vor der Tür stehend Zischlaute, besonders das S gehört hat, verschwindet für die Aufmerksamkeit diese Wahrnehmung, sobald man Wortgestalten identifizieren kann. Das Wort wird als Gestalt, als Ganzes erfaßt. Ein derartiger Richtungswechsel der Aufmerksamkeit kann durchaus mit jenem verglichen werden, der von der Tastwahrnehmung zur Wärmewahrnehmung leitet: Beides, Tasteindrücke und Wärmewahrnehmung werden über die Haut vermittelt und sind doch klar zu unterscheiden.

Der *Ich-Sinn*, der ein Sinn für das Ich des anderen Menschen ist, gehört zu den wichtigsten Entdeckungen Rudolf Steiners, die jedermann zugänglich sind, wenn er sich selbst beobachtet. Rudolf Steiner hat diesen Sinn in seiner besonderen Tätigkeit an drei Stellen seines Werkes näher dargestellt: im ersten Anhang der Neuausgabe der *Philosophie der Freiheit* (1918), in dem Vortrag über soziale und antisoziale Triebe (Bern, 12. Dezember 1918) und im 8. Vortrag der *Allgemeinen Menschenkunde* (Stuttgart, 29. August 1919).[12] Jedesmal schildert Steiner diesen Vorgang der Ich-Wahrnehmung als ein rhythmisches Wechselspiel von Fremd-Erfassen und Zu-sich-selbst-Kommen: «Stehen Sie einem anderen Menschen gegenüber, dann verläuft das folgendermaßen: Sie nehmen einen Menschen wahr eine kurze Zeit; da macht er auf Sie einen Eindruck. Dieser Eindruck stört sie im Innern: Sie fühlen, daß der Mensch, der eigentlich ein gleiches Wesen ist wie Sie, auf Sie einen Eindruck macht wie eine Attacke. Die Folge davon ist, daß Sie sich innerlich wehren, daß Sie sich dieser Attacke widersetzen, daß Sie gegen ihn innerlich aggressiv werden. Sie erlahmen im Aggressiven, das Aggressive hört wieder auf; daher kann er nun wieder einen Eindruck auf Sie machen. Dadurch haben Sie Zeit, Ihre Aggressivkraft wieder zu erhöhen, und Sie führen wieder eine Aggression aus.»

So ist die Ich-Wahrnehmungstätigkeit ein intermittierendes Sich-Begegnen zweier Menschen.

Zwei Hinweise für die Selbstbeobachtung seien hier noch versucht. Man könnte annehmen, daß der Ichsinn nur wahrnimmt, daß der andere Mensch ein Ich ist. Das aber wäre falsch. Eine Aussage: «Der andere Mensch ist ein Ich!» deutet vielmehr auf ein Urteil, in dem eben das, was man «Ich» nennt, dem anderen zuerkannt wird. Die Wahrnehmung des anderen Ich aber ist eine naive, unmittelbare Wahrnehmung wie andere Wahrnehmungen auch, und sie nimmt keineswegs allein wahr, daß der andere ein Ich ist (oder wie man fälschlicherweise sagt: ein Ich hat), vielmehr erfährt man in der Begegnung mit dem Du die Eigenart oder Qualität der Person, der man begegnet. So wie das Auge verschiedene Farben, so wie das Ohr verschiedene, wohl zu unterscheidende Töne und Geräusche wahrnimmt, so faßt auch der Ichsinn unterschiedliche Qualitäten auf. Diese Qualitäten zeigen sich in einem sinnlichen Eindruck und nicht – wie man leicht meinen könnte – einem moralischen Urteil. Dieser Eindruck, der wie jede Sinnesqualität kaum zu beschreiben ist, wird deshalb in der Regel nicht bemerkt, weil wir als Handelnde in der Menschenbegegnung uns unmittelbar nach diesem Eindruck richten. Besinnt man sich aber im nachhinein auf den Gesamteindruck, den der andere auf uns gemacht hat, so kann man feststellen, daß man von jedem Menschen, dem man im Handeln oder im Gespräch wirklich begegnet ist, einen Gesamteindruck hat, einen Gesamteindruck, der sich zwar auf einzelne Komponenten hin abtasten läßt, der auch zu Urteilen Anlaß gibt, der Gedanken herausfordert, der aber an sich weder Urteil noch Gedanke ist, sondern jener Gesamteindruck des anderen, an dem wir uns handelnd orientieren, wenn wir uns auf ihn «einstellen».

Daß die höheren Sinne, namentlich der Ichsinn, der Gedankensinn und der Sprachsinn, auch über entsprechende Sinnesorgane verfügen, hat Rudolf Steiner nur einmal ausführlicher dargestellt. In einem Vortrag am 2. September 1916 führt er aus, daß der ganze Mensch, insbesondere der Kopf das sensible Organ des Ichsinns sei; ferner seien die elementaren Lebensvorgänge, die die physische Leibesorganisation erhalten, das Organ des Gedankensinns, und schließlich bildet der Bewegungsapparat des Menschen das Organ des Sprachsinns. Die Erforschung der physischen Sinnesorgane dieser drei Sinne steht noch ganz in den Anfängen. Immerhin ist es bekannt, daß Sprachhören und Sprechen zusammen sich auf der Grundlage der Entwicklung der Motorik, insbesondere der Feinmotorik, entfalten. Das Kind lernt in dem Maße fein und artikuliert sprechen, wie es mit den Fingern greifen, mit den Beinen zu klettern und zu gehen lernt. Weitere Hinweise zu diesem Thema finden sich bei Rudolf Steiner, wenn auch in anderer Form, in dem Fragment *Anthroposophie.*

Überblickt man, Rudolf Steiner folgend, die Zwölfzahl der Sinne, so wird deutlich, wie verschiedenartig die Leistung der Sinne ist: Lebenssinn, Eigenbewegungssinn, Gleichgewichtssinn und Tastsinn vermitteln die Erfahrung der eigenen Leiblichkeit und geben Auskunft über Stellung der Leiblichkeit in der Welt, über Einwirkungen der Welt auf die Leiblichkeit. Der Gleichgewichtssinn macht unsere Stellung in der Welt erfahrbar, der Bewegungssinn unser Verhalten, im Lebenssinn wird das Wohl- oder Übelbefinden des Leibes erfahren, wobei auch Welteinflüsse auf dieses Befinden denkbar sind. Im Tastsinn schließlich erspüren wir direkt die Eindrücke, die Gegenstände auf unseren Leib machen. Die Welt wird in diesen Sinnen nur indirekt, durch den Leib vermittelt, erfahren.

Das Riechen, Schmecken, Sehen und das Wärmewahrnehmen führen aus uns hinaus und beginnen die Eigenschaften der

Gegenstände zu offenbaren. Und wenn auch leibliche Sinnesorgane die Eindrücke vermitteln, so erfahren wir durch diese Sinne nicht mehr in erster Linie unsere Leiblichkeit: wir spüren die Wärme der Sonne auf unserer Haut, wenn ein Sonnenstrahl sie trifft; wir sehen das Grün der Wiese, wenn wir hinblicken. In diesen Sinneserfahrungen spielt aber die Eigentätigkeit der Sinne auch eine Rolle: Das Auge zeigt eine eigene Aktivität, nicht nur im Blicken und Fixieren, sondern auch durch die Nachbilder, die sich manchmal zeigen; die Frage, ob ein Raum uns kalt oder warm erscheint, ob ein Wasser kalt oder warm wirkt, hängt mit von der Eigenwärme ab, mit der man dem Eindruck begegnet.

Das Hören, das Wahrnehmen durch den Sprach-, den Gedanken- und den Ichsinn führen schrittweise aus der Welt der handgreiflichen Gegenständlichkeit in innerlichere Formen der Gegebenheit. Was wir hören, kann man an Beispielen verdeutlichen: Eine Glocke tönt je nach Größe und Metall verschieden, sobald sie aber einen Riß hat, verwandelt sich das Tönen in ein Scheppern. Früher prüfte man Münzen durch ihren Klang: Silber tönt hell. Harte Hölzer wie Eiche und Buche klingen relativ hart und hell. So zeigt sich durch den Ton zunächst die innere Substantialität und Beschaffenheit. In der Natur tritt eine Stimme, die Innerliches verlautbart, erst bei relativ hochentwickelten Tieren auf: Seelisches will sich kund tun. Durch den Sprachsinn und den Gedankensinn wird unser Wahrnehmen über den seelischen Bereich weiter bis ins Geistige geführt. Der Ichsinn schließlich führt zu einer Wesensbegegnung.

Die Vollzahl der Sinne erschließt so stufenweise die verschiedensten Schichten der Welt, indem, von der Erfahrung des eigenen Leibes ausgehend, zunächst Kontakt mit der Umwelt genommen wird, im Sehen steht man ihr gegenüber, Aug in Auge, und dann dringt man immer tiefer in die Welt ein, um ihr Inneres zu erfahren. In dieser Vollzahl der Sinne wird aber nicht nur die Welt erfahren. In den verschiedenen Formen der Weltbegegnung findet und konstituiert sich der Mensch, er verkörpert sich bewußt im Leibe, er tritt empfindend der Welt gegenüber, er dringt vernehmend, verstehend in sie ein und erfährt und begründet in diesen Begegnungen sich selbst leibhaftig als beseelter Geist.

Sinnestätigkeit und Urteilen

Die Darstellung der zwölf Sinne des Menschen gewinnt erst ihre Fruchtbarkeit, wenn die Sinnestätigkeit im Ganzen der menschlichen Geistestätigkeit, wenn sie in ihrer Bedeutung für das Seelenleben und für die Leiblichkeit erfaßt wird. Es ist deshalb charakteristisch für Steiners Darstellungen, daß er die Sinnestätigkeit in immer neue Zusammenhänge stellte. So behandelt der Vortrag vom 23. Oktober 1909 das Verhältnis der Sinne zur Außenwelt, am 25. Oktober 1909 werden die Sinne im Zusammenhang mit der übersinnlichen Wesenheit des Menschen beschrieben, am 12. August 1916 wird der Zusammenhang der Sinne mit den Lebensprozessen erörtert und zugleich eine Geschichte der Sinne skizziert, am 25. August 1918 wird die Konstitution des Seelenlebens anhand der Verschiedenartigkeit der Sinne beschrieben, am 29. August 1919 werden die Sinne im Zusammenhang von Schlafen und Wachen, von Sympathie und Antipathie dargestellt, am 8. August 1920 wird die Beziehung der zwölf Sinne zu Imagination, Inspiration und Intuition abgehandelt, in den Vorträgen vom 22. und 23. Juli 1921 werden die Sinne in den Zusammenhang von westlicher und östlicher Kultur gestellt. Diese jeweiligen Zusammenhänge müssen gesehen werden, wenn man nicht die Pointen der Darstellungen verpassen will.

Beispielhaft kann dies an dem ersten und einzigen Text, in dem Rudolf Steiner seine Lehre von den zwölf Sinnen schriftlich fixierte und veröffentlichte, gezeigt werden. Dieser Text findet sich als 5. Anhang in *Von Seelenrätseln* und trägt den eigentümlichen Titel: «Über die wirkliche Grundlage der intentionalen Beziehung». Damit ist gesagt, daß das Thema dieser kurzen Abhandlung nicht eigentlich die Sinneslehre, sondern eben die intentionale Beziehung ist. In Anknüpfung an die scholastische Philosophie hatte Franz Brentano die intentionale Beziehung als Merkmal alles Seelischen beschrieben: Jeder seelische Akt zielt auf einen Inhalt: kein Denken ohne Gedachtes, kein Hoffen ohne Erhofftes, kein Wollen ohne Gewolltes, kein Sehen ohne Gesehenes. Indem die psychischen Akte so auf einen Inhalt zielen, sind sie auch bewußt; die seelische Aufmerksamkeit konzentriert sich normalerweise immer auf den Inhalt. Nun ergibt sich aus der spezifischen Form der Psychologie Franz Brentanos die Frage: Wie kommt es im Bereich der Vorstellungsinhalte zum Urteil, genauer, zum Existenzurteil; die Seele erlebt nicht nur das Bild eines grünen Baumes, sie weiß auch: dieser Baum ist, er ist wirklich vorhanden. Hier knüpft Rudolf Steiner an: Innerhalb des engeren Kreises des Vorstellungslebens, den man im bildhaften Bewußtsein umschreibt, kann das nicht liegen, was mich veranlaßt, das Urteil zu bilden: «dieser grüne Baum ist»; aus dem bloßen optischen Eindruck, aus der Beziehung zwischen Baum und Auge, die man im Bewußtsein als Bild mit voller Schärfe erlebt, geht die Überzeugung vom Dasein des Baumes nicht hervor. In Wirklichkeit steht aber nicht ein Auge allein dem Baum gegenüber, sondern ein ganzer Mensch, und dieser ganze Mensch nimmt noch auf andere Weise wahr: er steht auf der Erde, und er erlebt sich im Stehen, er bewegt sich und erlebt sich im Bewegen, er betastet den Baum und überzeugt sich so von dessen Dasein. Aber alle die letztgenannten Beziehungen zum Baum treten nicht mit voller Schärfe ins Bewußtsein.

Rudolf Steiner faßt das Ergebnis seiner Darstellung so zusammen, daß er darauf hinweist, daß am Zustandekommen eines Urteils immer mehrere Sinnesfelder beteiligt sein müssen. So wie der Mensch normalerweise auf zwei Beinen steht, so urteilt er mit mindestens zwei Sinnen: «Nun liegt, wenn der Mensch einem Sinnes-Objekte gegenübersteht, die Sache so, daß er niemals bloß durch *einen* Sinn einen Eindruck erhält, sondern außerdem immer noch durch *wenigstens einen* andern aus der Reihe der oben angeführten. Die Beziehung zu *einem* Sinne tritt mit besonderer Schärfe in das gewöhnliche Bewußtsein, die andere bleibt *dumpfer.*»

Die bewußtseinshellen Sinne führen uns und zeigen den Weg, die dumpferen Sinne vermitteln das Wirklichkeitserlebnis. Das Sehen führt das Tasten, das im Hintergrund bleibt. Das Musikhören erfüllt unser Bewußtsein, während der Rhythmus im Lebens- und Bewegungssinn mitschwingt und das Hören stützt und formt. Die bewußtseinshellen Sinne sind in der Regel das Sehen und Hören, aber sie alleine befriedigen uns nicht. Es ist, als stünde man auf einem Bein und suche zusätzlichen Halt. Jeder kennt solche Urteilsunsicherheiten. In einem Bahnhof im Zug sitzend, bemerkt man mit dem Auge Bewegung und fragt sich: fahren wir oder fährt der andere Zug? Zum Nachthimmel aufschauend, sieht man, wie der Mond hinter den Wolken daherjagt – oder sollten sich die Wolken bewegen? Erst wenn wir mit einem zweiten Sinn im Felde der Wahrnehmung Fuß fassen und die Tätigkeit des Sehens durch die des Eigenbewegungssinnes ergänzen, also Kopf und Augen bewegen und uns vielleicht überdies durch den Gleichgewichtssinn im Raume orientieren, erst dann wird ein Urteil möglich, und wir sagen: der Mond steht still, die Wolken bewegen sich. – Sehr oft wirkt der Sehsinn mit dem Eigenbewegungssinn zusammen. Die Augen sind in mehrfacher Hinsicht bewegliche Körper, jeder Augapfel wird von sechs Muskeln bewegt. So folgt der Augen-Blick der Bewegung der fliegenden Vögel, und es kommt durch das Zusammenwirken des Bewegungssinns, der unbemerkt bleibt, und des Sehsinns, der dominant ist, zu dem Urteil: «So fliegt eine Schwalbe.» «So fliegt ein Spatz.» Der Genauigkeit halber sei gesagt, daß bei diesem Urteil auch das Denken eine Rolle spielt: es stellt die Begriffe Spatz und Schwalbe zur Verfügung.

Nun ist bei den Urteilen durchaus ein Unterschied zu bemerken zwischen der Art, wie die Urteile in uns leben, die durch die Leibessinne bestätigt werden, und den Urteilen, die mehr auf den Fremd- und Fernsinnen abgestützt sind. Es entsteht ein anderes Verhältnis zur Sache, wenn man ein Bild von Rembrandt anschaut, ein anderes, wenn man es betastet, um die Dicke der Farbschichtung festzustellen. Auch im Verhältnis zu Menschen verbinden sich verschiedene Eindrücke: meistens genügt es, den Menschen anzuschauen, ihn zu hören; aber der Händedruck vermittelt eine Tastwahrnehmung und einen direkten Wärmeeindruck. Düfte und Gerüche können mit wahrgenommen werden. Gerade für Kinder ist es wichtig, durch die Leibessinne Wirklichkeit zu erleben. Diese Sinne machen das Erlebnis konkret.

Besonders wichtig ist das Zusammenwirken der Sinne in den Künsten. Da sind die Künste, die einen unmittelbaren Zugang zur leibvermittelten Erfahrung haben: die getastete Plastik, das Bauwerk, das durch seine feierliche Symmetrie auf den Gleichgewichtssinn wirkt, die urtümliche Musik, die mit dem Tanz verbunden wird und sich in ihm realisiert. Im Schau-Spiel wird nicht getastet, nicht geschluckt und nicht gesprochen, wesentlich wendet es sich an den Sprachsinn, an den Gedankensinn, an den Ichsinn und an das Sehen. Da ist die Eurythmie, die geradezu die Feier des Zusammenwirkens der Gesichts- und Bewegungswahrnehmung ist, wobei die Eigenbewegung ganz minimal ist und wesentlich durch die Bewegung des Auges vermittelt wird. Von solchen Betrachtungen ausgehend käme man zu einer Ästhesiologie der Sinne.[13]

In all diesen Erfahrungen vermitteln die dominanten Sinne die Schärfe und Helligkeit des Bewußtseins. In ihnen setzt das Denken und Vorstellen an, und so entstehen differenzierte Vorstellungen, der entsprechende Gegenstandsbereich wird genau und gegliedert erfaßt. Gleichzeitig aber schwingen andere Sinne, vor allem die Leibessinne, mit und vermitteln das Gefühl des Seins und der Sicherheit. Ein gut Teil dessen, was die Sicherheit unseres Lebensgefühls ausmacht, beruht auf diesen wie schlafend oder träumend mitwirkenden Sinnen. Auch in der modernen Naturwissenschaft beruht die Sicherheit im Wägen, Zählen und Messen darauf, daß man, ohne es zu wissen, Erfahrungen des Tastsinns, des Gleichgewichtssinns und des Eigenbewegungssinns im Wägen oder Zählen im Sehraum vergegenständlicht. Das Gewicht einer Sache, das elementar durch den Gleichgewichtssinn und den Eigenbewegungssinn erfahren wird, erscheint als Realität. Auf der Waage wird dieses Gewicht im Sehraum erfaßbar, auf einer Zahlenskala ablesbar: wieder kommt durch das Zusammenwirken mehrerer Sinne ein Existenzurteil zustande: das ist wirklich!

Die durch Schulen und Literatur popularisierten Kenntnisse über Sinnesorgane lassen nur allzu leicht vermuten, daß die Sinnesorgane komplizierte physikalische Apparate seien: das Auge ist, so glaubt man leicht, eine Art Camera obscura, das Ohr ein Trommelfell mit dazugehörigen vibrierenden Knöcheln, der Tastsinn wird als Mechanorezeptor beschrieben. Eine derartige Betrachtung, die in den Sinnesorganen im wesentlichen physikalische Empfangsgeräte sieht, vergißt, daß die Sinnesorgane insgesamt in einen lebendigen Organismus eingebettet sind, daß die Sinnesorgane selber lebendige Organe sind, die ernährt werden, in denen sich Aufbau und Abbauprozesse abspielen, die von Rhythmen durchdrungen werden. In der Tat erlebt das Sehen nichts von den physikalischen Vorgängen, die ihm zugrunde liegen sollen und die sich ohne menschliches Bewußtsein und Erleben an jedem Spiegel und in jedem Fotoapparat abspielen könnten. So sehr die Vorgänge des Sehens, soweit sie den Raum betreffen, im Zusammenhang mit physikalischen Gesetzen und Tatsachen stehen – wovon sich jeder Brillenträger überzeugen kann –, so sehr sind die Vorgänge des Sehens doch wesentlich mehr als physikalische Vorgänge. Als Bewußtseinsvorgänge und seelisches Erlebnis sind sie räumlich nicht zu fassen, sie konstituieren vielmehr den Raum für unser Bewußtsein. Zwischen den physikalischen Vorgängen und den Bewußtseinserlebnissen kann man noch ein drittes bemerken: die Lebensprozesse, die die Bewußtseinsvorgänge tragen. Rudolf Steiner hat das Zusammenwirken der Sinnesprozesse und der Lebensprozesse zum Gegenstand ausführlicher Forschungen gemacht, deren wesentlicher und schriftlich fixierter Teil von ihm nicht veröffentlicht wurde. Heute liegen die Ergebnisse dieser Forschungen in dem Fragment *Anthroposophie* aus dem

Jahre 1910 vor. Auf dieses Fragment muß für alle gründlicheren Untersuchungen zum Thema: Lebensprozesse und Sinnestätigkeit verwiesen werden.

In dem hier vorgelegten Vortrag vom 12. August 1916 wird auch auf den heute eher verborgenen Zusammenhang von Sinnestätigkeit und Lebensprozessen hingewiesen. Jeder kann auf diese Vorgänge aufmerksam werden, wenn er einerseits bemerkt, wie etwa das Auge beim langen Hinstarren auf denselben Gegenstand ermüdet. Ferner kann man z.B. bemerken, daß Sinneseindrücke uns stark reizen, ja schädigen, wenn wir ermüdet oder krank sind: die Lebensvorgänge der Regeneration werden durch die Sinnesreize gestört. Andererseits kann man auch das Erquickende des Lichts erfahren, das an einem frühen Morgen unsere Lebenslust hebt. Schließlich bemerkt man in der direkten Beobachtung das Lebendige des Auges, wenn man die Nachbilder bemerkt, die das Auge selber produziert. Die Verbindung des Auges mit den Lebensvorgängen ist aber mehr eine begleitende.

Demgegenüber ist der Zusammenhang des Lebenssinns mit den Lebensvorgängen unmittelbar. Das ideale Wohlgefühl, die wahre Behaglichkeit, in der man sich im Vollbesitz seines Körpers und seiner Lebensenergien weiß, wird nur allzu leicht gestört, und so melden die Sinneseindrücke des Lebenssinnes die verschiedenartigsten Zustände des Ungleichgewichts der Lebensvorgänge: Erregung in der Herzgegend, Völlegefühl nach überreichlich genossener Nahrung, eine leicht schmerzende Schwere in den Beinen. Diese Wahrnehmungen, die noch Qualitatives aussagen, können in Schmerz übergehen. Für die innere Beobachtung ist im Schmerz die Grenze der eigentlichen Sinneserlebnisse erreicht, und die qualitative Wahrnehmung geht in die verschiedenen Formen von Schmerz über, die insgesamt auf Schädigungen der Leiblichkeit hinweisen.

Der Lebenssinn ist diesen Erfahrungen sehr nahe und belehrt uns fortwährend über die Auswirkungen unseres Verhaltens, unserer Lebensweise und der Umwelt auf unsere Leiblichkeit, er warnt uns vor Krankheiten, wenn sich einzelne Glieder oder Organe bemerkbar machen: der Lebenssinn spiegelt alle Lebensprozesse ins Bewußtsein hinauf und macht sie für dasselbe zugänglich.

Daß der Geruchssinn, der Geschmackssinn und auch der Gesichtssinn mit der Ernährung zu tun haben, kann man gut beobachten. Besonders das Gefühl des Ekels, das sich einstellt und das manchmal zu vitalen Reaktionen führen kann (etwa zum Erbrechen), deutet auf ganz elementare Zusammenhänge. Doch diese groben Reaktionen sind ähnlich wie der Schmerz nur Grenzfälle, die den Zusammenhang überdeutlich machen. Lehrreich werden diese Zusammenhänge erst in der feineren Selbstbeobachtung, und hier zeigt sich der Zusammenhang zwischen Geschmack, Geruch und einer spezifischen Geschmacks- und Geruchsphantasie auf der einen Seite mit den Lebensvorgängen andererseits besonders deutlich, wenn der Körper nach einer Krankheit leicht geschwächt ist: Geschmack und Geruch sagen dann einem aufmerksamen Selbstbeobachter ziemlich genau, was er jetzt essen soll, was ihm zuträglich ist. Diese feineren Wahrnehmungen, die das Kleinkind noch viel intensiver hat als der auf diesen Gebieten verbildete Erwachsene, der keine Äpfel oder Johannisbeeren, sondern Vitamine ißt, zeigen, wie die Lebensvorgänge mit den Sinnesprozessen verbunden sind. Diese Verbindung, das Gefühl für das, was ein Sinneseindruck im Lebenszusammenhang bewirkt, die Wiederbelebung der Sinnesorgane ist für die Zukunft des Menschen nicht ohne Bedeutung, denn in unserer Zivilisationswelt, in der es von Surrogaten aller Art wimmelt, von den künstlichen Geschmacksstoffen über den den Tastsinn langweilenden

Plastikstoff bis zu den Sinnesillusionen des Fernsehens, bedarf jedermann «einer guten Nase» und mehr noch eines lebendigen Auges und eines empfindsamen Ohres als warnender Wächter.

Eine Sinneskultur der Zukunft[14] wird davon abhängen, daß man bemerkt, daß die Sinnesprozesse selber auch Lebensprozesse sind: Atmung, Wärmung und Ernährung vollziehen sich auch durch die Sinne. Durch unsere Sinne strömt fortwährend Welt in uns hinein. Wer an einem Sommermorgen früh, vor der gewohnten Zeit, aufsteht und die Natureindrücke auf sich wirken lassen kann, wird vielleicht das tief Erquickende solcher Eindrücke empfinden. Der englische Dichter Wordsworth beschreibt einmal, wie er unvermutet einem Meer von Osterglocken gegenüberstand: «Ich schaute und schaute, aber dachte nur wenig, welche Gesundheit dieser Anblick mir gab»; erst später, wieder bei sich im Stillen, bemerkte er das Belebende des Bildes, das in ihm Licht, Freude und Bewegung geblieben war: Gesundheit. In diesem Sinne sind Sinnesprozesse Ernährungsvorgänge.

Daß Sinnesvorgänge eigentlich daraufhin angelegt sind, rhythmisch wie der Atem zu verlaufen, bemerkt man erst, wenn das Gegenteil eintritt: Unser Blick pflegt normalerweise sich frei zu bewegen, manchmal ruht er auf einem Objekt sich aus, dann nimmt man die Sehschärfe zurück, bis man wieder etwas fixiert. Beim Autofahren, namentlich bei hohen Geschwindigkeiten, aber ist der Blick fortwährend an die Fahrbahn, an den Verkehr gefesselt. Die Sinnespflege fordert aber, den Sinnesatem zu fördern, das heißt in rhythmischer Weise, abwechselnd viele Sinne zu betätigen. Sinnespflege fordert ferner, sich nicht in gleicher Weise allen Sinneseindrücken intensiv auszusetzen. Jeder Mensch kann bei einiger Aufmerksamkeit selber herausfinden, welche Eindrücke aufbauend, welche heilend und welche abbauend sind.

In vielen weiteren Zusammenhängen hat Rudolf Steiner über die Sinne des Menschen gesprochen. Hier sei nur noch auf die pädagogischen Vorträge hingewiesen: Im Laufe des menschlichen Lebens verändert sich die Rolle, die die Sinne für den Menschen spielen. Der Mensch, der richtig alt geworden ist, durchdringt die Sinnesempfindungen mit Gedanken und Gefühlen: er gibt sich aufmerksam der Objektivität hin, in Ruhe kann er betrachten und die Nuancen der Sinneseindrükke werten. Der alte Mensch hat Distanz. Das Kind vor dem Zahnwechsel, so betont Rudolf Steiner immer wieder, ist demgegenüber den Sinneseindrücken ganz ausgeliefert: es ist ganz Sinnesorgan. Was in der Umwelt des Kindes ist, prägt sich in ihm ab, und zwar in verschiedener Weise: Ein Zornausbruch z.B. in der Umgebung des Kindes prägt sich tief ein. Der Zorn ist für das Kind nicht nur ein optisches oder akustisches Erlebnis, der Zorn wirkt durch die Sinne auf den ganzen Leib des Kindes, prägt sich im Blutkreislauf und im Stoffwechsel ein. Haltungen, die dem Kind vorgemacht werden, sogar die Haltungen der Spielpuppen, werden ebenso eingenommen; Arbeiten und andere Tätigkeiten werden nachgemacht: Das Kind nimmt die Umwelt mit seinem ganzen Leibe tätig nachahmend auf, und durch die prägenden Eindrücke der Umwelt werden die Organe im Kinde mitgeformt. Durch diese Beschreibung des Kindes, das die Wirkungen der Umwelt in sich aufnimmt, wird nicht nur eine Phase der Kindheit beschrieben: es wird auch deutlich, was das Wesen eines Sinnesorgans ist. Die Sinnesorgane nehmen Welt auf. Rudolf Steiner nennt die Sinnesorgane deshalb auch des öfteren «Golfe der Außenwelt», die sich in den Menschen herein erstrecken. Am Auge wieder wird das besonders deutlich, daß dieses Organ für das Licht gebildet ist, daß es sich den physikalischen Gesetzen anpaßt. In zwölffacher Weise aber dringt die Welt so auf uns ein und schafft auf diese Weise unsere Leib- und Welterfahrung. Novalis hat deshalb den Leib einmal die gemeinschaftliche Zentralwirkung unserer Sinne genannt: durch die Sinne verkörpern wir uns.

Zur Textauswahl

Dieser Band beginnt mit zwei Vorträgen, die Rudolf Steiner im Sommer 1921 vor Mitgliedern der Anthroposophischen Gesellschaft in Dornach gehalten hat. Die Reihe von Vorträgen, denen diese Ausführungen entnommen sind, erweitern die anthroposophische Menschenkunde im Hinblick auf den Zusammenhang des Menschen mit der Welt, mit dem Kosmos. Die Sinneslehre ist ein Aspekt dieser Menschenkunde. Die hier abgedruckten Darstellungen vom *22.* und *23. Juli 1921* sind die letzten Darstellungen Rudolf Steiners über die Gesamtheit der zwölf Sinne des Menschen. Sie stehen hier am Anfang, weil Rudolf Steiner in diesen Vorträgen noch einmal das methodische Prinzip formuliert, auf dem seine Sinneslehre beruht: nämlich der Analyse der spezifisch verschiedenen Sinneserfahrungen im Bereich des Gesamtumfangs der Erfahrung.[15]

Es folgt als nächstes aus dem Buch *Von Seelenrätseln* der 5. Anhang «Über die wirkliche Grundlage der intentionalen Beziehung». In dieser Abhandlung findet sich die einzige schriftliche, von Steiner selbst veröffentlichte Darstellung der Zwölfheit der Sinne. Freilich steht diese Abhandlung in einem Zusammenhang, der nicht außer acht gelassen werden darf: es geht um die «intentionale Beziehung», jenes Prinzip alles Seelischen, wonach jeder seelische Akt auf einen Inhalt abzielt (kein Denken ohne Gedachtes, kein Sehen ohne Gesehenes).

Die beiden folgenden Vorträge vom *23.* und *25. Oktober 1909* waren unter dem Titel «Anthroposophie» angekündigt, und dieser Titel wird in dem ersten der beiden Vorträge auch hinreichend begründet.[16] Diese Vorträge enthalten die erste Form der Sinneslehre Steiners, sie zielen aber in ihren hier nicht abgedruckten Fortsetzungen auf eine Darstellung der übersinnlichen Wesenheit des Menschen überhaupt.

Die letzten drei Vorträge sind sämtlich in Dornach vor Mitgliedern der Anthroposophischen Gesellschaft gehalten. Die Darstellung der zwölf Sinne erfolgt hier in einem je anderen Zusammenhang mit den Grundlehren der Anthroposophie. Im Vortrag vom *12. August 1916* wird die Kenntnis der anthroposophischen Kosmogonie, so wie sie von Rudolf Steiner in der *Geheimwissenschaft im Umriß* (1910) beschrieben worden ist, vorausgesetzt. Die hier erwähnte «Saturnentwicklung«, «Sonnenentwicklung», «Mondenentwicklung» bezieht sich nicht direkt auf die Entwicklung der die Erde heute umgebenden Himmelskörper, sondern auf frühere Verkörperungen der Erde. – In dem Vortrag vom *25. August 1918* wird Bezug genommen auf die Lehre von der Dreigliederung des menschlichen Organismus, die Rudolf Steiner schriftlich in seinem Buche *Von Seelenrätseln* (1917), 6. Anhang, dargestellt hatte. Darüber hinaus werden die Begriffe «ahrimanisch» und «luziferisch» verwendet. Hierzu kann auf den Aufsatz von Rudolf Steiner «Luziferisches und Ahrimanisches in ihrem Verhältnis zum Menschen» (1918), abgedruckt in *Philosophie und Anthroposophie, Gesammelte Aufsätze 1904 – 1918* (Dornach 1965), verwiesen werden. – Der Vortrag vom *8. August 1920* schließlich stellt die zwölf Sinne im Zusammenhang mit den höheren Erkenntnisstufen Imagination, Inspiration und Intuition des Menschen dar. Eine grundlegende Schilderung dieser Erkenntnisstufen findet man in der *Geheimwissenschaft im Umriß*, Kapitel «Die Erkenntnis der höheren Welten».

Anmerkungen

1 Rudolf Steiner: *Wahrheit und Wissenschaft* (1892), IV. Kapitel: Die Ausgangspunkte der Erkenntnistheorie (GA 3).

2 Goethe in einem Gespräch mit Eckermann am 17. Februar 1829; und in: *Maximen und Reflexionen.*

3 Johannes Müller: *Handbuch der Physiologie des Menschen*, Bd. 2 u. 3 (1840).

4 Siehe hierzu das populäre und informativ zusammenfassende Buch von Vitus B. Dröscher: *Magie der Sinne im Tierreich*, 2. verbesserte Auflage, München 1975.

5 Siehe die hier abgedruckten Vorträge vom 23. und 25. Oktober 1909. Schon in einem früheren Vortrag (4. 10. 1905, GA 93 a) spricht Rudolf Steiner von zwölf Sinnen, aber in einem anderen Zusammenhang als dem hier betrachteten, indem er dort geistige und zukünftige Sinne miteinbezieht.

6 Dieses Konzept kann man in den erwähnten Vorträgen von 1909 und in dem Fragment aus dem Jahre 1910 (*Anthroposophie*, GA 45, 2. erweiterte Auflage 1970) feststellen.

7 Veröffentlichung in: *Beiträge zur Rudolf-Steiner-Gesamtausgabe*, Nr. 34, Dornach Sommer 1971, mit einer sehr lesenswerten Einleitung von Hendrik Knobel.

8 Rudolf Steiner in den Vorträgen vom 2. 10. 1920 und vom 2. 3. 1921.

9 Vortrag vom 20. 6. 1916; in: *Weltwesen und Ichheit*, GA 169.

10 *Grundriß der Sinnesphysiologie*, herausgegeben von R. F. Schmidt, 2. Auflage, Berlin 1976, S. 57ff.

11 Wolf D. Keidel: *Sinnesphysiologie I*, 2. Auflage, Berlin 1976, S. 87.

12 Siehe hierzu Rudolf Steiner: *Philosophie der Freiheit*, Erster Anhang zur Neuausgabe 1918. Ferner: Rudolf Steiner: *Allgemeine Menschenkunde als Grundlage der Pädagogik*, Vortrag vom 29. August 1919, GA 293.

13 Siehe hierzu zahlreiche Werke der Musikästhetik, etwa Albert Wellek: *Musikpsychologie und Musikästhetik*, 1963; oder zum Gleichgewichtssinn: S. J. Gerathewohl: *Die Psychologie des Menschen im Flugzeug*, 1954.

14 Vgl. hierzu den Vortrag Rudolf Steiners vom 30. November 1919; in: *Die Sendung Michaels*, GA 194.

15 Der hier auf Seite 34 erwähnte «Pfarrer Kully» war katholischer Pfarrer in Arlesheim (bei Basel); er war mit unsachlichen Angriffen auf die Anthroposophie aufgetreten. Professor Friedrich Traub (auf Seite 45 genannt) ist der Verfasser der Schrift *Rudolf Steiner als Philosoph und Theosoph* (Tübingen 1919).

16 Rudolf Steiner leitete von 1902 – 1912 die deutsche Sektion der Theosophischen Gesellschaft. Innerhalb dieser Gesellschaft vertrat er die Auffassungen, die er u.a. in seinem Buche *Theosophie* (1904) dargelegt hatte. 1913 wurde die Anthroposophische Gesellschaft begründet, als eine weitere Zusammenarbeit mit der Theosophischen Gesellschaft unmöglich geworden war.

Bibliographie

Weitere Hinweise Rudolf Steiners zur Sinneslehre

1910	*Anthroposophie – Ein Fragment*, GA 45.
	Aufzeichnungen Rudolf Steiners zur Sinneslehre, in: *Beiträge zur Rudolf Steiner Gesamtausgabe,* Nr. 34, Dornach 1971.
28. 10. 1909	Das Wesen der Künste, in GA 271.
17. 11. 1910	Sinnesorganisation beim Menschen und Tier, in GA 60.
22. 3. 1913	Die Evolution der menschlichen Sinne, in GA 145.
20. 6. 1916	Die zwölf Sinne, in GA 169.
2. 9. 1916	Die leibliche Organisation der höheren Sinne, in GA 170.
2. 12. 1917	Die Sinnestätigkeit und die Unterbrechung der Nerven, in GA 179.
28. u. 29. 8. 1919	Die zwölf Sinne und ihre Bedeutung für die Pädagogik im Zusammenhang mit Denken, Fühlen und Wollen; Schlafen und Wachen, in GA 293.
30. 11. 1919	Die beseelte Sinnestätigkeit, Luftatem – Lichtatem, in GA 194.
13. 2. 1920	Die Funktion der Sinnestätigkeit und das Seelenleben, in GA 196.
20. 3. 1920	Die Metamorphose des Seh-, Hör- und Wärmesinnes, in GA 198.
2. u. 3. 10. 1920	Sprachsinn, Gedankensinn und Ichsinn, in GA 322.
21. 3. 1921	Bemerkungen über die Nerven-Sinnes-Organisation, in GA 324.
13., 16. u. 20. 12. 1922	Grundlagen einer geisteswissenschaftlichen Sinneslehre, in GA 348.
9. 12. 1922	Hören, Sprechen. Über das Ohr, in GA 218.

Werke anthroposophischer Autoren

Willi Aeppli: *Sinnesorganismus, Sinnesverlust, Sinnespflege* (1955). 3. Auflage, Stuttgart 1979.

Norbert Glas: *Gefährdung und Heilung der Sinne* (1958). 2. Auflage, Stuttgart 1976.

Herbert Hensel: *Allgemeine Sinnesphysiologie, Hautsinne – Geschmack – Geruch.* Berlin 1966.

Karl König: *Die ersten drei Jahre des Kindes* (1957). 6. Auflage, Stuttgart 1978.

Karl König: *Sinnesentwicklung und Leiberfahrung* (1971). 2. Auflage, Stuttgart 1978.

Hans Erhard Lauer: *Die zwölf Sinne des Menschen* (1953). 2. Auflage, Schaffhausen 1978.

Ernst Lehrs: *Vom Geist der Sinne.* Frankfurt am Main 1973.

Albert Soesman: *Die zwölf Sinne – Tore der Seele* (1995). 5. überarbeitete Auflage, Stuttgart 2003.

Weitere Literatur

Die wissenschaftliche Literatur zur Physiologie und Psychologie der Sinne und der Wahrnehmung ist so umfangreich und von derart verschiedenen Fragestellungen geleitet, daß man sich ihr am besten über die entsprechenden Nachschlagewerke nähert.

Ein weiteres Feld ist die Psychologie der Wahrnehmungen, besonders der Gestaltwahrnehmung. Dazu einführend:

David Krech und Richard S. Crutchfield: *Grundlagen der Psychologie,* Band I, 6. Auflage 1974, Seite 3 – 169.

M. D. Vernon: *Wahrnehmung und Erfahrung.* München 1977.

Zu einzelnen Sinnen siehe das *Fischer-Lexikon: Psychologie,* hrsg. v. Peter R. Hofstätter, Neubearbeitung 1972.

Zur Anthropologie der Sinne:

Helmut Plessner: *Anthropologie der Sinne;* leicht zugänglich in: *Neue Anthropologie*, Band 7, 1974.

Erwin Strauß: *Vom Sinn der Sinne.* Berlin 1956.

Zum Problem des Ichsinnes:

Eine Zusammenfassung vieler Forschungen und Meinungen, vor allem Husserls, enthält die Habilitationsschrift von Michael Theunissen: *Der Andere.* Berlin 1965.

Eine typische Leugnung eines unmittelbaren Zugangs zum anderen Ich findet sich in: Rudolf Carnap: *Scheinprobleme in der Philosophie.* Frankfurt am Main 1966.

Quellennachweis

Die zwölf Sinne des Menschen, Dornach, 22. Juli 1921; in: *Menschenwesen, Weltenseele und Weltengeist, 2. Teil,* GA Bibl.-Nr. 206. Dornach [2]1991.

Die Sinneserlebnisse des oberen und des unteren Menschen, Dornach, 23. Juli 1921; in: GA Bibl.-Nr. 206.

Über die wirkliche Grundlage der intentionalen Beziehung; in: *Von Seelenrätseln,* 5. Anhang (1917), GA Bibl.-Nr. 21. Dornach [4]1976.

Anthroposophie. Die Sinne des Menschen, Berlin, 23. Oktober 1909; in: *Anthroposophie – Psychosophie – Pneumatosophie,* GA Bibl.-Nr. 115. Dornach [3]1980.

Der Aufbau der Sinne aus der übersinnlichen Wesenheit des Menschen, Berlin, 25. Oktober 1909; in: GA Bibl.-Nr. 115.

Die zwölf Sinnesbezirke und die sieben Lebensprozesse, Dornach, 12. August 1916; in: *Das Rätsel des Menschen,* GA Bibl.-Nr. 170. Dornach [3]1992.

Das Wesen des dreigeteilten Menschen. Die zwölf Sinne, Dornach, 25. August 1918; in: *Die Wissenschaft vom Werden des Menschen,* GA Bibl.-Nr. 183. Dornach [2]1990.

Die zwölf Sinne des Menschen in ihrer Beziehung zur Imagination, Inspiration und Intuition, Dornach, 8. August 1920; in: *Geisteswissenschaft als Erkenntnis der Grundimpulse sozialer Gestaltung,* GA Bibl.-Nr. 199. Dornach [2]1985.